Reader Takes All.

# 做愛情
## Colors of Love

4
**Net and Books**

# 一百年之後所需要的解釋

文／郝明義

《做愛情》的主題，可以分為「做愛」和「愛情」兩個部分。

如果說我們今天所熟悉的政治、經濟、工作機制和環境，是近兩百年左右才在人類社會裡成形的話，「做愛」和「愛情」的歷史就更短了。

目前我們對待這兩件事情的觀念和方法，關鍵的起端不過是大約一百年前，十九世紀末葉的事。

□

在那個以英國維多利亞國力為代表的時代，從愛的本質上，尼采喊出了人要擺脫神的桎梏，「自有人類以來，人就很少真正快樂過，這才是我們的原罪。」；從性的本質上，靄理士（H. H. Ellis）和佛洛伊德分別給予全新的理解；從性的方法上，山額夫人（Margaret Sanger）由鼓吹節育而提醒女人也可以從性愛中享受樂趣，進而推展了許多避孕工具的誕生。

由這樣的發端，接下來才有勞倫斯（D. H. Lawrence）主張「愛因為被理想化，成為精神和意識的課題，所以愛就失去了平衡，達到一種混沌。而我們在現代必須認真考慮肉體或肉慾獨立的性愛。」才有金賽性學研究與G點的發現，才有六○年代的性愛解放運動，以及再其後的同性戀正常化。

換句話說，今天我們所習以為常的「做愛」和「愛情」的形貌，真正說起來，在西方不過是上個世紀嬉皮運動之後，近四、五十年才出現的，在台灣，不過是上個世紀八○年代第一次性解放之後，近二、三十年的事。

□

如果說歷史都是人類當代解釋的歷史，那麼性與愛，也都是人類當代所解釋的性與愛。「做愛」和「愛情」從來都不是自然發生的，一直是人類的文化和思想，隨不同時代的環境和需求在形塑的。

古希臘時代解釋為「埃洛斯」（Eros），象徵宇宙的原動力之一；柏拉圖時代解釋為追求至善至美的一個過程；亞里斯多德解釋為友愛；中世紀基督教文明解釋為呼應神愛；文藝復興之後回歸為人間的愛；清教徒和維多利亞時代解釋為拘謹的愛；尼采解釋為打破桎梏和束縛的愛；靄理士和佛洛伊德解釋為性的認知與意識的愛。每個時代總要提出自己對愛的思考與

洪啟嵩《愛平等》

解釋。

我們在不同的時代，決定不同的「做愛」和「愛情」的定義與方法。

□

也是在十九世紀末，德國古典社會學大師齊美爾（Georg Simmel）寫了一篇文章。在那個新舊經濟體系交接，性壓抑與性開放交接的時刻，齊美爾的觀察可以歸納為四點：

一，「激烈的生存鬥爭使（男人的）經濟獨立推遲得越來越晚，職業技術和生活藝術的複雜要求使（男人的）精神的完全形成越來越晚。」

二，因此，「一個男人能夠合法地擁有一個女人的時刻，變得越來越晚，但身體條件並沒有適應這種情況，激發性衝動的年齡……相對較早。」

三，貨幣「成為所有事物的價值尺度」。

四，所以，「隨著文化的不斷成長，肯定會出現對賣淫的日益增長的需求。」

齊美爾的結論是：「賣淫是性成熟的要求同結婚最低年齡的要求相衝突的結果。」

□

一百年後的今天，齊美爾的觀察不只是在男人身上的事了。

不分男女，都在面對更加「激烈的生存鬥爭」，和推遲得越來越晚的經濟獨立。

不分男女，都因為「職業技術和生活藝術的複雜要求使精神的完全形成越來越晚」。

不分男女，都在面對結婚最低年齡的提高。

不分男女，由於營養與發育，「激發性衝動的年齡」不知提早凡幾。

貨幣，「成為所有事物的價值尺度」，不知翻增了多少倍。

而「性成熟的要求同結婚最低年齡的要求相衝突」之後，可以訴諸的解決之道也早已跨出「賣淫」的局限。

這麼看來，我們就可以發現，近年來日益普及的一夜情、援助交際，絕不是因為網路的發展才催生的事情。因而對「做愛」和「愛情」觀念的日益模糊而產生的困擾，也絕不是哪一些人的個別問題。

□

事實上，我們又站在另一次需要對「做愛」和「愛情」重新詮釋的門口了。

今天我們面對的狀況，遠不是齊美爾那個時候所能想像的。

我們有了同性戀婚姻。我們有了可以產生無性或類性快樂的藥丸。我們有了試管嬰兒。我們有了被破解的DNA密碼。我們有了複製人。

我們需要對「做愛」和「愛情」發展出當代的解釋。

而這些解釋，不能只是從一些「（愛你愛到）吃屎」，「幫你殺掉你痛恨的人」之類，歇斯底里的「愛情民粹」歌詞上找答案。

「人雖然用不著專門去思考也可以體驗、實踐愛，但是，如果這樣不假思考的話，他很可能不知會做出什麼樣的莽撞行為。」今道友信早就這麼說過。

□

所以這個主題只是拋磚引玉。　■

## 做愛情

**Net and Books 網路與書 4**

經營顧問：Peter Weidhaas　陳原　沈昌文
　　　　　陳萬雄　朱邦復　高信疆
發 行 人：郝明義
策劃指導：楊渡
主　　編：黃秀如
本輯責任編輯：李康莉
編　　輯：林泠‧傅凌
網路編輯：莊琬華
北京地區策劃：于奇‧徐淑卿
美術指導：張士勇
美術編輯：倪孟慧‧張碧倫
攝影指導：何經泰
企劃副理：鐘亨利
行政兼讀者服務：塗思真
法律顧問：全理法律事務所董安丹律師

出版者：英屬蓋曼群島商網路與書股份有限公司台灣分公司
　　　　臺北市南京東路四段25號10樓之1
TEL：(02)2546-7799　FAX：(02)2545-2951
email：help@netandbooks.com
網址：http://www.netandbooks.com
郵撥帳號：19542850
戶名：英屬蓋曼群島商網路與書股份有限公司台灣分公司
總經銷：大和書報圖書股份有限公司
地址：台北縣新莊市五工五路2號
TEL：886-2-8990-2588　FAX：886-2-2290-1658
製版：凱立國際資訊（股）公司
印刷：詠豐印刷（股）公司
初版一刷：2002年7月
初版三刷：2004年11月
定價：（台灣地區）新台幣280元

**Net and Books N0. 4**
**Colors of Love**
Copyright @2002 by Net and Books
**Advisors:** Peter Weidhass　Chen Yuan　Shen Chang Wen
　　　　　　Chan Man Hung　Chu Bang Fu　Gao Xin Jiang
**Publisher:** Rex How
**Editorial Director:** Yang Tu
**Chief Editor:** Huang Shiou-ru
**Executive Editor:** Karen Lee
**Editors:** Lina Lin‧Fu Ling
**Website Editor:** Lucienna Chuang
**Managing Editor in Beijing:** Yu Qi‧Hsu Shu-Ching
**Art Director:** Zhang Shi Yung
**Photography Director:** He Jing Tai
**Marketing Assistant Manager:** Henry Chung
**Administration:** Jane Tu
Net and Books Co. Ltd. Taiwan Branch(Cayman Islands)
10F-1, 25, Section 4, Nanking East Road, Taipei, Taiwan
**TEL:**886-2-2546-7799　**FAX:**886-2-2545-2951
**Email:**help@netandbooks.com　**http://www.netandbooks.com**

本書之出版，感謝永豐餘、CP1897網上書店、英資達參予贊助。

# CONTENTS
目錄

封面攝影・何經泰

何經泰攝影

何經泰攝影

創新未來

科技的理性，融入感性的人文價值
締造新世代優質的生活

永豐餘 http://www.yfy.com
奈米、生物科技透過 e 化的平台，不斷地在造紙、印刷、顯示等產業
創新服務，共創優質生活的未來

# Part I

## Idea

# 在愛情的肚臍上打洞

# 私語辭典A~Z

A troublemaker's dictionary on Love

愛情是先驗的嗎？還是只能從各種詞彙的對照中產生？私語辭典將用26種暴力觀點，從哲學、文學、偶像劇，和各種無聊的閒話中解讀愛情。

文／李康莉

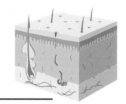

## Adverb 副詞

在《論寫作》中，美國暢銷作家史蒂芬·金指出好作家的必要條件：擺脫副詞的糾纏。隨便翻開一本愛情小說，你就知道他是什麼意思。「查得小姐興奮又靦腆地笑著。」「他是那麼地深情地望著我。」「『不，放開我！』小楓可憐而無助地懇求。」修辭傳統或許中西有別，但雞皮疙瘩的產生原因中西皆然。最可怕的八點檔整齣是用副詞寫成的。因此，除非你有志成為瓊瑤第二，否則請務必和副詞絕交。

## Bunburism 幫寶力主義

愛爾蘭作家王爾德留給世人最大的貢獻，就是創造了「幫寶力主義」。幫寶力不是「幫寶適」，而是戀愛史上最偉大的發明。在《不可兒戲》中，每當城裡的公子哥要溜去鄉間泡妹妹，就宣稱去照顧一個久病的友人——幫寶力。因此，不管多重要的宴會，只要是幫寶力作怪，都有藉口安然抽身。對於所有滿心沉醉的戀人，王爾德會諄諄告誡，在未來漫長的婚姻生活裡，你會十分後悔沒有認識一個朋友叫幫寶力。

## Class 階級

1. 愛情是品味階級的產物。你無法和晶圓廠的女工討論張曼娟，也無法和隔壁的泰國新娘炫耀本週最新的不倫。書店裡，薔薇頰和叔本華的戀愛論總是放在不同的架上。衛生所的保險套25元一打；便利商店裡，Durex依超薄型和顆粒狀有不同的售價。

2. 性愛意識在不同的階層各自表述。白流蘇不用對付屠夫。茉麗葉不是黑奴。尹雪艷總是不老。青蚵嫂的皮膚卻皺得可以塞蚵仔。Toni Morrison裡的女人，吃喝拉撒和生小孩都在街上。要帶情人回家，吳爾芙卻有自己的小房間。

3. 階級差異是催情聖品。排除萬難、不顧家人反對的劇情令人血脈賁張。簡愛。蝴蝶夢。傲慢與偏見。查泰萊夫人的情人。大和拜金女。杉菜和道明寺。愛情保障了從既定秩序逃脫的管道。因此，小姐會愛上長工，偉士牌會愛上雙B，蟑螂會愛上北一女。家財萬貫的C最近陷入熱戀，她說愛上的是他嚼檳榔打水果盤的樣子，性感極了。

## d

### Death 死亡

1. 經過種種爭吵卻大難不死的戀人最後必須承受平庸人生的尷尬。睡前在棉被裡放屁，睡醒要面對眼屎，連莎翁再世都妄想再寫一行情詩。死亡的必要在為癡呆的愛情煉獄除役。愛倫坡說，每一首淒厲哀惋的情詩，必然包含一個死去的戀人。因此，羅密歐必須死。茱麗葉必須死。英倫情人必須死。《挪威的森林》的直子必須死。死在最美的時候。而島本必須失蹤。Kiki必須失蹤。瓊瑤的女主角必須發瘋。輕舞飛揚必須得狼瘡。Titanic必須撞上冰山。長壽的愛是危險的，充滿了腐敗的氣味。而戀人的瞬間死亡卻成全了未亡人永恆的愛意、作者的版稅收入，獲致悲劇英雄的偉大感，保存岌岌可危的愛情神話。更甚者，得以進入愛情殞落後存在意義的深層追尋。啊！金閣不燒，你就必須忍受枕邊人撇條不關門的命運。

2. 「性高潮」的法文：la petite mort，小死的意思。

## e

### Ars Erotica A書

A書不是今天才有，從明代中葉開始，所謂的「春宮畫冊」就大為風行，其根源可以追溯到古早的房中書，只是當時內容以「養生」，而非「養眼」為主。古人認為男人的性能力十分脆弱，需要保護，而女人的性能力卻得天獨厚，所有房中書的邏輯均以此寫成。舉凡黃帝內經、養生方、接陰陽禁書、白虎通、玄女經、素女經、玉房祕訣、洞玄子，講的都是如何採陰補陽，是男人寫給男人看的性愛教科書。「射精」被形容成有害身體的事，所以必須「固精」，並發展許多神奇的動作作為防禦措施。打開《素女經》，鳳翔抱腳屈曲位、兔吮毫淺嘗跨騎位、鶴交頸跨坐位，有種闖進武術大會還是翻開五星級飯店菜單的錯覺。類似的房中書還有印度的《愛經》（*Kama Sutra*），裡面各種「不可能」的姿勢，大概只有奧運的體操選手才辦得到。

## f

### Freud 佛洛伊德

Corbis

再也沒有所謂的愛情了。維特最色，情書寫了那麼多，原來只是想嘿咻。帽子是陽具。梨子是乳房。到海邊聽濤代表想回到媽媽的子宮。浪漫唯美的詞彙像花瓣剝落，肥大的雄蕊七現，眾雌蕊膜拜。一切都只是器官的作文，愛情無關崇高、精神，也沒有「自由意志」等問題。去除哲學命題的曲折離奇，且一定和童年某個不該看到的東西有關。在夢裡攻擊一堆「螃蟹」則表示你有早「ㄒㄧㄝˋ」的焦慮。不信？咳。佛洛伊德說：你只是在壓抑。

## Garden 花園

1. 人類史上第一部愛情大悲劇據說在一個蛇出沒的花園裡拍攝。

2. 根據法國的騎士小說和中國古裝劇，後花園是幽會最佳景點。絕對隱密、絕對刺激，而且絕對會被發現。

3. 儘管大家都不屑F4，儘管台灣人取日本名字很奇怪，儘管……（以下原因自行增補），我們總算有一齣自製的偶像劇了。《流星花園》萬歲！

## Hermeneutics 詮釋學

1. 戀愛中人是患有強迫症的詮釋學者。「她說這句話是什麼意思？」「她說這句話前停了三秒是什麼意思？」「他送我一朵玫瑰，所以他愛我。」「他只送我一朵玫瑰，他一定不愛我。」人們一思考，上帝就發笑。神的旨意不可測，凡人只有在曖昧不明的神蹟中反覆推敲，在字裡行間大玩填空遊戲。舉凡從禮物的價格推斷心意多寡。從昨夜遺留的香水味，考察變心的證據。從對其他追求者的評論，評估自己的優劣順位。戀人對任何危害愛情的渺小惡兆充滿警覺，並經常陷入一種歇斯底里的索命衝動。「說，說，你給我說。」直接的詢問總是徒勞。而各種旁敲側擊最後總是回到唯一的答案。（不用懷疑，你真的是那隻幸運羔羊！）只有少數清醒者持懷疑論調：如果上帝真的愛我，為什麼還會淹大水？

2. 瘋狂詮釋學者的悲慘下場：艾倫‧狄波頓《吻了再說》。

## Internet 網路

1. 二次大戰軍事用途的產物。九〇年代個人愛情攻防的前哨。實體貼身肉搏戰失利的戀人，轉戰此處，在高矮胖瘦臀形胸圍家世職業的嚴格篩選前，先行投擲自我膨脹的空包彈。在這裡人人都是36D，和一夜十七次郎。其實它是最民主的做愛媒介：從9歲到999歲。從3公分到13吋。從已婚到未婚。從恐龍到猩猩。臥虎藏龍。直接挑逗人類最大的性器官，並增添視訊功能，方便遠距戀人的跨海活塞運動。SM、換妻、多P等性愛分子的大宗集散地。ICQ則讓情人有機會在視線掌控之外互相騷擾，相互監看。

2. 關鍵字：恐龍率。

## Jet lag 時差

戀人的心意總像無法卡緊的齒輪，充滿時間參差的孔洞。A愛B的時候B不愛A。B愛A的時候，A已經和C在一起了。愛情小說的經典劇情，卻在實際生活中發生。而不論把愛情寄託在未來，還是拒絕接

受對方的改變而沉溺在美好的過去，都是活在一種時差狀態。不善於say no的L，則在做愛一事上經歷了嚴重的時差。「他想要的時候，我不想。我想要的時候，已經結束了。」聽見旁邊發出鼾聲，L把未抽完的大半截香煙，憤憤塞進可樂罐，任由它在潮濕的水氣裡漸漸死滅。

## Karma 業

1. 一般說法：愛情的債務關係。西方的「命運」（fate），東方的「因果報應」。簡而言之，就是把愛情關係裡必須承受的狗屎推給神祕的上輩子（在基督教裡往往是神的旨意）。「上輩子欠的，這輩子要還。」自由的選擇權讓渡給不可改變的外力，所以可以無賴地留在對方身邊哀嚎。今天的命運之神則一律由「花系列」的編劇擔任。來世的懲罰直接更改為現世報，施以巴掌者，人恆巴掌之。而且冤冤相報，沒完沒了。

2. 另一種說法：請看本書第56頁〈愛與輪迴〉一文。

## Love at first sight 一見鍾情

一見鍾情。另一種說法是Crush，聽起來就像被車子輾過，被愛情壓得爛爛的。照Lacan的說法，慾望是to be or to have，成為或是擁有。因此讓我們怦然心動的，經常是我們無法變成的樣子。因為互補所產生吸引力，像南極愛上北極、天使愛上凡人、柳丁愛上果汁機。「總是愛上不該愛的人」，一見鍾情因為差異太大，往往以悲劇收場。某年影展的動畫片：一隻貓頭鷹煞到美麗的候鳥，拖著笨重的身體，盲目又吃力的跟隨著，最後卻因為操勞過度，咕嚕咕嚕沉沒在茫茫大海裡了。

## Marijuana 大麻

古典性愛催情物，主司幻覺和幸福感。嬉皮。搖滾樂。Joan Baez。Jimi Hendrix。The Doors。六〇年代反戰青年的索麻。大麻的性是草莽的性，帶著反抗的性，有態度的性，體制外的性。性是抗議的手段，也是愛和和平的媒介。九〇年代則是Ecstacy的年代。Fusion。House。電音。Rave。搖頭成為一種life style。一種黨派。一種

區隔彼此的品味階級。而器官的接觸已太過頻繁，集體自爽是最沒負擔的爽。「我們high，但是我們不做。」High了一夜，第二天打好領帶準時上班。躺在並排的生產線上，機器娃娃們隨著音樂搖擺身體，享受隨時plug-in的歡樂時光！

## Next Magazine 壹周刊

愛情是一種手段、一封存證信函、一張三百萬的支票、一輛來路不明的BMW、一卷光線昏暗的錄影帶。

愛情是一通查不到紀錄的怪電話、是前後矛盾的證言、是隱藏在垃圾堆後的窄門、是墨鏡背後的不明表情。

愛情是一場雜交派對、一樁派系鬥爭、一場政治冤獄、一次讓選戰反敗爲勝的關鍵。

愛情是光鮮的衣著下一件發黃的內褲,用以見證德行之不潔。

愛情是一週30萬份的銷量、是友報主管的辭職信、是競爭對手的改版通知。

愛情是島嶼下方,一根不存在的骨頭。

狗兒24小時挖掘。

## Originality／Copy 原創／拷貝

愛情的缺乏原創,並不完全是20世紀安迪‧沃荷搞的鬼。「沒念過莎士比亞,就不會談戀愛。」文藝復興時代,古人就以情書的抄襲印證了康寶濃湯的眞理。而今天除非遠離電視、不看電影、不買《Taipei Walker》,隱居在荒島上自行殺出一條血路,否則戀愛更是踩在別人的戀愛上前進。你無法阻止「天是白的,雲是黑的。」「You complete me!」等陳腔濫調在數以萬計的舌尖上蠢蠢欲動。你也無法阻止自己冒著氣喘的危險爬上10樓,學《戀愛瘋神榜》向心愛的人大喊大叫的衝動。特別想逛Gucci,可能是受了昨天《大和拜金女》的影響。「今天也要幸福喔!」戀愛是打開信箱,收到100封一模一樣的心靈小語。

## Plato 柏拉圖

柏拉圖認爲世俗的愛情並不眞實,也無法持久。理想的愛是一種概念,應該摒除性,屬於精神的神交。喬叟的《Troilus and Criseyde》、但丁的《神曲》、法國的騎士文學、文藝復興的抒情詩。所有在肉體的不滿足中奄奄一息、在單戀自傷中俯身哀嚎仍挺立前行的戀人,都是柏拉圖哲學的信徒。詩人善於把分離的痛苦轉成思念的樂趣,透過肉體禁欲的試鍊,讓靈魂在不斷飛昇的快感中達到高潮。而在一夜情早就不稀奇的年代,只說不做的柏拉圖之戀,因其特有的節制和壓抑,反而充滿曖昧的復古樂趣!友人C說,「因爲太愛對方,怕感情會消失,所以不願開始。」爲了讓兩人長久,反而積極上網另尋洩欲的對象。此種「越背叛越忠貞」的論調,可能是柏拉圖進入後現代的變調。

## Queer 同志／酷兒

1. 某異女的自暴自棄：女性同胞們，現在只要看到穿得很優、開SAAB、職業很藝術的優質男，不用費心了。都是Gay。

2. 一個老T的感嘆：和一群朋友吹捧當年自己剛出道的盛況，在T吧被要求束胸，還要向多位大哥敬酒。一個六年九班的婆眼睛發亮，露出發現恐龍化石的興奮表情。「快，快，我還要聽，我還以爲T吧只有在懷舊小說還有研究論文裡才看得到哩。」

3. 自從張娟芬的《愛的自由式》風靡全宇宙，很多異性戀和男同志開始用T、婆、不分的角色爲自己的關係下定義。留著大鬍子、外表殘暴的藝術家M，被老婆爆料，原來私底下是個風情萬種的鐵婆。男同志小Y陷入熱戀，據他幸福的透露，「他體貼又風趣，愛我的方式像極了一個T！」

## Romanticism 浪漫主義

1. 浪漫主義者是戀愛自燃體，一個眼神，一段回憶，一點燃料足以引發一場大火。因此海涅在海風的吹拂中戀愛。濟慈在夜鶯的叫聲中戀愛。渥茲華斯在對妹妹的思念中戀愛。拜倫因爲革命的號角臉紅心跳。薩德因爲監獄的大門倒下而勃起。

2. 浪漫主義者總是「生活在他方」（米蘭・昆德拉）。他們的戀愛不在「這裡」。他們總是思念著某個人、某個地點、某個遠方。理想與現實總是有差距。因此戀愛的狂喜只能在獨處時發生。一個人靜靜的流淚可能比兩個人緊張的找話說來得令人甜蜜心碎。眞實的戀人總是髮型不對、話題不對、自己的表現也不對。要談戀愛，情人必須消失。「消失」在希臘神話裡的意思，是「變成石頭」「變成月桂」……。在瓊瑤小說裡的意思，可能是得了絕症、自殺或出了意外。已經七度失戀的G大嘆了一口氣，「現實中的戀人永遠是一個第三者，霸道地介入了我和我自己的戀愛。」

## Shoes 鞋子

1. 鞋子曾經是王子定下的擇偶條件，所有的灰姑娘都搶著擠進一套不合理的尺寸。

2. 日本暢銷作家田口藍迪說，在戀愛關係中，不適合的男人就像不合腳的鞋子，與其委屈自己配合對方，還是儘早丟棄爲妙。

3. 在影集《慾望城市》的不良示範下，Kiki逐漸相信，只有一雙Manolo Blahnik才能塡補失戀的空虛，而只有另一雙Manolo Blahnik才能減輕接到帳單的內疚。

## Topic 話題

　　和許多嚴肅偉大的事物相比，愛情是注定無法搬上檯面的。美國雙子星大樓倒塌了，還在八卦隔壁新來的帥哥是罪惡的。飛機失事了，還在討論最新一期的《失戀雜誌》是罪惡的。翡翠水庫跌破120了，還想來個一夜情是罪惡的。跳過政治版和體育版，直接翻到娛樂版是罪惡的。痞子蔡的網路小說賣到爆，還是無法角逐文學獎。《國家地理雜誌》比《星座占卜》來得令人尊敬。而初次見面，「法國隊竟然輸了」很明顯比「你喜歡什麼姿勢」是更安全的話題。畢竟「愛情」只是個人的小小狂熱（而且過於女性化），怎麼和古文明出土、絕種的非洲猩猩、世界足球賽開打、陳水扁競選連任、今天天氣如何這些偉大的話題相比呢？因此，對很多女生來說，廁所裡的women's talk永遠比歇斯底里的NBA播報聲來得有趣。

## Unfaithful 不忠

「分別對他們五個不忠……／如果能夠愛上第六個人／就可以分別減輕對他們不忠的程度那就是說／我認為不忠有一定的量隨人數的增加／而減少對每一個人的分配那麼問題最後就是／到底要對多少人不忠才能／徹底地不感覺不忠呢？」～夏宇〈與動物密談四〉《腹語術》

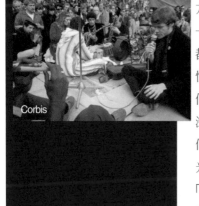

Corbis

# V

## Virgo 處女座

說處女座是戀愛高手，沒有人信，但事實如此。處女座因為太愛自己，所以對愛情意見忒多。她們極難取悅，常玩小公主遊戲。卻因為懂得挑三揀四，往往發展出比一般人靈敏的OS系統，大大提高了愛情的樂趣。由這點來看，古靈精怪的Ally Mcbeal一定是處女座。刻薄又世故的才女張愛玲應該是處女座。會在關鍵時刻說「好嗯喔……我還要」的白鳥麗子一定是處女座。懂得適時昏倒，把接下來的責任都推給男主角的應該都是處女座。馬奎斯筆下一輩子用拒絕談戀愛的費爾米娜一定是處女座。有耐心寫完《戰爭與和平》的托爾斯泰是處女座。傅柯筆下道貌岸然的維多利亞人都是處女座。處女座因為只愛自己，所以對別人的戀愛一律沒好話，反而對愛情的虛妄本質看得極透徹。她們聰明，並經常偽裝，充分享受被動的樂趣，且很早就知道愛的是自己，不是你。所以啊，不要被處女座騙了，她們才是真正的情色女王。（本文作者金星是處女座。）

*處女座名單：蔡依林、蕭亞軒、余光中、張國榮、莫札特、孔子、托爾斯泰、D．H．勞倫斯、歌德、朱天文、英格烈·褒曼、劉黎兒、蘇菲亞·羅蘭、曾野綾子。

# W

## Wall 牆

他們堅決否認有牆的存在。儘管戰爭將他們區隔成敵對的兩方，儘管種族主義者用鮮血和口號撕扯彼此，儘管三月裡教堂前的一次集會引發了今年春天第一場火拚，儘管持炸藥在街道上走動的都是牆的信徒。他們相信愛情，他們相信愛情能帶領他們遠離仇恨，達到心中的應許之地。翻越一道牆，鐵絲網燁燁閃動銀光，他們在約定的時刻相遇。在荒野唯一的一棵大樹下，他們觸碰彼此最深的鬚。於是他們想起，幾乎是一個世紀以前，有關牆的衰亡。他們想起戀愛最終是融合，是Milton設想的一種類似天使的生物，由光構成，因此可以覆蓋、重疊、相互穿透、相互吞食。「我愛妳？」「不，我就是妳。」蜂蜜像雨水滴落，他們用嘴銜住了彼此的心。他們是如此幸福，在不理解尚未來到，在抵達一座真正的牆以前。

## X Camera 隱藏式攝影機

璩光碟事件後，一般女性也跟著陷入恐慌。「有人在看我！」隔壁大樓的望遠鏡、Motel和更衣間的攝影機、深夜無人的停車場。眼睛無所不在，連帶性愛的本質也發生變化。「還是用床單遮住微凸的小腹吧！」「要穿性感內衣還是吊帶襪？」「不能再當死魚了，應該多練習幾種不同的姿勢。」群眾意識已經深入腦海，鎂光燈無所不在。有人大規模的健身、塑身，有人則積極勘察現場，模擬各種可能的拍攝位置。做愛不再是兩個人的事，總是跟隨一群隱形的觀眾。做愛變成一種表演。一種商品。稍具生意頭腦的人，則架設網站自拍，肥水不落外人田，至少可以確保版稅收入。明星要炒緋聞還要靠記者大爺買帳，現代人則靠一片光碟就可以成為名人。

## Yumiri 柳美里

在一次3P啤酒大會……

櫻桃妹妹咕嚕咕嚕：我覺得柳美里早期的作品像《家夢已遠》那些都太碎碎念了，說他爸爸開賭場、說自己長得醜，一直說一直說有點煩。但是《命》和《魂》都很好看。被已婚男人甩了，還要生小孩、還要照顧得癌症的男朋友，不但沒有發瘋，還能清楚完整的寫出來，也不管別人怎麼想，真的很勇敢！而且寫得很好看……我覺得……

醉倒的蜘蛛猴：柳美里。嗯。柳美鯉。嗯。柳…莓…李。ㄟ，莓…子…汁…

自戀男小強（翻完後完全驚醒）：天啊。不能隨便和日本女作家談戀愛了，小心會被寫進小說裡！這真是太恐怖了！

## Zoo 可愛動物區

戀愛中人有嚴重的自我動物化傾向，從各種噁心的暱稱就可以得到印證。小貓咪、小松鼠、愛你的大狗狗、想念尤加利的無尾熊。種類多以短毛、溫血、體積中小型的哺乳類為大宗。手機吊飾也經常以此為主題。至於「月光下等待起司的老鼠」、「住在你身體裡的水蛭」、「為你磨牙的山豬」、「想被你一腳踩扁的蟑螂」等詞彙所散發的熱情與創意均不輸前者，卻難以受到青睞。不知是可愛動物區裡的動物先驗性的太過可愛，還是觀賞者帶有自我投射的成分，看到情人眼中的自己，就是這麼可愛。「我真是太可愛了。我要喝奶奶。拍我睡覺覺。」（恐龍對受驚的兔子狂呼。）不論原因如何，對於毫無心理準備的遊客來說，目睹成對的暴龍擠在粉紅色小可愛裡大跳兔子舞，無疑是一場驚心動魄的災難。■

# 地球村愛之語

想邂逅異國戀的人有福了！漫步在地球表面，
隨時用多國語言「說」我愛你！

編輯部 整理

阿富汗　Ek is lief vir jou

巴西／葡萄牙　Eu te amo

保加利亞　Obicham te

挪威　Jeg elsker deg

台灣　Wa I Lee

粵語　Ngo oi nei

客家　Ngai oi gnee

泰國　Khao raak thoe

突尼西亞　Ha eh bak

緬甸　Chit pa de

捷克　Miluju te!

荷蘭　Ik hou van je

法國　Je t'aime

德國　Ich liebe dich

芬蘭　(Ma") rakastan sua

希臘　Se agapo

印尼　Saya

義大利　Ti amo

日本　Aishiteiru

韓國　Tangsinul Saranghae

摩斯密碼　.. ._.. ___ ...-. _.__ ___ ..-___.. ___..
（「88」，表示「愛、抱抱和親親」）

摩洛哥　Kanbhik

波蘭　Kocham cie

俄羅斯　Ya tyebya lyublyu

土耳其　Seni seviyorum

夏威夷　Aloha wau ia 'oe

冰島　Eg elska thig

加拿大法語　Ch'trip su' toe'

阿拉伯　Ana behibak

＊本表為羅馬拼音

## 美食國度的愛之語

我愛你，直到頭髮變得像蔥一樣白！（南韓）

你是我黑森林蛋糕上的那顆櫻桃！（德國）

你是我的小小捲心菜！（法國）

我愛你像愛我的奶油甜甜圈！（塞爾維亞）

你是我的小糖豬！（丹麥）

走，去幫我們最愛的乳牛擠奶吧！（那米比亞）

你是讓玉蜀黍生長的陽光！（辛巴威）

我像一塊奶油，落在你煎鍋！（瑞典）

# 影響我們戀愛及做愛的22個人

文／傅凌

## 西方文化裡的15個人

1

柏拉圖

### 柏拉圖

在〈會飲篇〉中，柏拉圖先是借希臘劇作家亞里斯多芬（Aristophanes, ca.488~380B.C.）之口，講了一個神話。最早的人類分三種：男人、女人，以及由兩性結合而成的陰陽人。這三種人都是球形的，每人有四隻手，四條腿，一個能轉360度的腦袋，上有兩張臉。這三種人都非常有力，也非常驕傲，去挑戰神祇，結果被擊敗。本來宙斯要把他們滅種的，但是因為想到需要人類來供奉神祇，所以饒他們不死，但要削弱他們的力量，於是就把每個球形人從中劈成兩半。

人類在球形的時候並沒有愛，等到被削成兩半之後，每一半都想念被削掉的另一半，於是開始有了愛。這樣陰陽人被劈開的男人的那一半就開始愛另一半的女人，女人的那一半則愛男人。原來球形的女人劈成一半之後愛另一半的女人，就成了女同性戀；球形的男人劈成一半之後愛另一半的男人，就是男同性戀。這一半一半的人彼此追尋原來自己的另一半，一旦相逢就再也不捨得分開，連飲食也不想，就逐漸死去。宙斯可憐他們，就把他們的生殖器移到前面，使男女能交媾來生殖後代。在球形人類的時候，人的生殖是像蚱蜢那樣排在土裡的。因而亞里斯多芬認為愛就是追求一種完整的全體的慾望。

然後，柏拉圖又借蘇格拉底之口，對亞里斯多芬的觀點提出了反駁。他認為除非另一半或全體恰好是好的，否則人是寧願砍去手足的。因而他認為對愛的追求，重點不在於是追求「完整的全體」的慾望，而在於這個完整的全體必須是好的，必須是善的。所以，柏拉圖說：「愛是永久地擁有善的慾

望。」至於性，只是肉體的一種權宜之計。

柏拉圖分析了理想的愛人必須通過的五個階段，從陷入感官世界的階段開始，一個階段一個階段地攀登，昇華到值得他奉獻的唯一目標：「至善」，也就是「至美」。柏拉圖說：「這種美是永恆的，無始無終，不生不滅，不增不減。」

這種昇華的愛，追尋的過程雖然也熱烈，但畢竟是一種理性活動的形式，因而後世稱之為柏拉圖主義，或柏拉圖式的愛情。柏拉圖主義後來也構成基督教神學中的一個重要支柱。

柏拉圖對人類愛情觀的影響，是無與倫比的。

## 2 聖奧古斯汀（Saint Augustin, 354～430）

真正將基督教建立為一個把「愛」做為最高信條的宗教，是聖奧古斯汀。聖奧古斯汀一方面承接了柏拉圖認為愛就是在追尋至善的觀念，但也認為柏拉圖主義最大的不足在於：人在不停地追求善的過程中，必然會產生驕傲。因此，人雖然可能透過愛欲來追求至善，但他需要神愛來看出自己精神的卑微，否則就看不到終究的目標。

Corbis

聖奧古斯汀

中世紀以聖奧古斯汀為首的基督信仰中，一直要試圖解答四種愛的問題：愛欲（Eros）、友愛（Philia）、忠愛（Nomos）和神愛（Agape）。其中愛欲和友愛來自古希臘的傳統（友愛是亞里斯多德的觀點），忠愛和神愛則來自古猶太。「忠愛」指的是承認上帝的法典，卑微地服從他的意志；「神愛」則是造物主以超越世人所能理解的方式來顯示的一種愛。

總之，在聖奧古斯汀的思想中，愛欲和神愛並不衝突。以他自身的經歷而言，他就認為從某種意義上說，是他對愛欲的思考把他引到了上帝的面前。愛欲成了他接受神愛的準備。如果能善加利用這種愛欲和神愛的結合，就是「純愛」（Caritas）。反之，則是「貪愛」（Cupiditas）。「貪愛」是對世界的愛；「純愛」是對上帝的愛。「貪愛」是短暫易逝的，「純愛」是永恆不變的。中世紀基督教信仰對愛的觀念及其影響，對照著後來文藝復興及宗教革命之後的改變，可以看得更清楚。

## 3 達文西

中世紀歐洲各地社會秩序混亂，基督教羅馬主教逐漸成為安定力量，被尊稱為「教皇」，基督教的發展達到鼎盛，再由鼎盛而產生僵化與腐化，不論

對思想或藝術或科學或生活的發展，都形成了極大的桎梏。因而有十五世紀文藝復興的出現，主張「人文主義」，把注意力拉回到人的世界。

有一種說法是，中世紀發現了人的精神，文藝復興則發現了人的肉體。所以，我們一定不能忘了達文西的《蒙娜麗莎的微笑》。那個微笑，不只是代表了人類藝術的瑰寶，也象徵了人類重回「貪愛」的一個微笑。

# 4 馬丁路德

和文藝復興同時發生的，則有宗教革命。宗教革命之後的新教觀點，和以聖奧古斯汀為首的信仰又大不相同。馬丁路德相信人生來就是罪人，也始終是一個罪人，人是不可能透過愛欲結合神愛的「純愛」來提升自己的。人唯一可以做的，就是好好承認自己的罪，而把其他的交給上帝。他也堅持「人只能因信稱義」，換句話說，「與其說愛是信仰的根本，不如說使愛得以形成的是信仰。……隨之產生了一種輕視與信仰沒有直接關係的愛的觀點。」（今道友信的分析）。

新教把愛分為恩典與原罪：恩典是神的愛，人類的性愛則是以原罪為基礎，而且是人自己所控制不了的。因此隨著宗教革命中的清教徒運動，鄙視性欲，將它同原罪聯繫起來的觀點也普及開來。因而，直到今天，還有一種做愛姿勢，就叫作「清教徒姿勢」。

# 5 莎士比亞

哈哈，回到俗世與貪愛的人類，除了新教的原罪觀和清教徒姿勢之外，幸好還出現了莎士比亞。

十一世紀十字軍東征之後，不但催生了騎士精神（Chivalry），也由於男子長期征戰在外，只好由女子管理家產，因而不但提升了女子的形象和自尊，也增加了女性對愛情的幻想和渴望。在這樣的時空背景下，許多流浪歌手和吟遊詩人出現，演唱著愛情歌曲，更進一步催化了剛醒覺的女性與愛情的需求。

莎士比亞的時代，延續著這樣的歷史因素，加上文藝復興時代的氛圍，不論在詩還是戲劇上，都為接下來的人類留下了太多寶貴的愛情素材，也影響了後人對愛情的用語和觀念。不要忘記那最有名的《羅密歐與茱麗葉》。

# 6 維多利亞女王

十九世紀中葉，英國維多利亞女王即位，開始「維多利亞時代」的種種

Corbis

維多利亞女王

生活風格與習俗。其中最重要的是，有鑒於法國大革命之後社會性愛風氣之紊亂，因而特別建立維多利亞時代的價值觀。家庭成為神聖的園地，女性則取代男性，成為家庭中的教化力量。同時的浪漫主義進一步把女性理想化為仁慈、貞潔的代表。這樣的時代背景下，光是想想要和這樣的女人發生性關係都是亂倫。

女性也配合社會上所希望的形象，進入一個十分封閉而保守的狀態。女人和男人授受不親，看醫生要用洋娃娃來標示她不舒服的部位，連生產的時候，醫生也得用張布蓋住她，在布下摸索著幫她接生。這種形象下的女人，當然大家都認為是不會感到性的歡愉的。所以良家婦女做愛的時候都力求不作反應。男人對性的需求，都要去妓院。因而維多利亞時代，也是妓女、性病、被虐狂、性變態等大行其道的時代。

維多利亞時代對家庭婦女所設定的形象，以及對男女愛情的影響，事實上一直持續到二十世紀前葉，甚至中葉。在某種意義上，維多利亞時代的性愛觀一直和清教徒性愛觀有著親屬關係。

## 7 尼采

幸好在那同一個時間，我們還有一位哲學家尼采先生。

尼采有鑒於宗教革命之後的新教文明和聖奧斯汀那個時代相比，愛的力量與作用都在退位，人在原罪的束縛下，不再能主動地、創造性地給予愛，人成了神面前的奴隸，因而主張要把人從神的桎梏中，從一切犧牲、義務中解放出來，歌頌、享受自由的生命。因而他在《查拉圖斯特拉如是說》中說：「自有人類以來，人就很少真正快樂過。這才是我們的原罪。」同時，他也講了人的精神為什麼要有三種變形：變成載重的駱駝，變成掠奪的獅子，變成小孩──「小孩是天真與遺忘，一個新的開始，一個遊戲，一個自轉的輪，一個原始的動作，一個神聖的肯定。」

尼采為人類進入二十世紀這個新的世紀一切新的探險，下了哲學的預言與肯定。人類接下來再奇異於過往的探索，都有了理論基礎。

偉大的尼采。

## 8 靄理士

靄理士（H. Havelock Ellis, 1859~1939）在從事人類性科學的研究和教育上，是開風氣之先的人物。靄理士是第一個指出性別的決定，是和細胞裡的

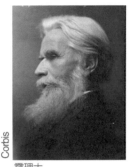

靄理士

染色體相關的人。除此之外,他和西蒙茲(John Addington Symonds)、赫胥菲爾德(Magnus Hirschfeld)等人一起最早研究同性戀,並指出同性戀並非問題。事實上,以他七大卷的《性心理學研究錄》(Studies in the Psychology of Sex)早在1896年就開始出版而言,在當年的女性主義者和性學研究人士心目中,是眞正的英雄,佛洛伊德也要退讓三分。

《性心理學研究錄》1896年在英國出版第一卷的時候,書才進書店就有人去收購銷毀,並且吃上官司,法官認爲他是掛羊頭賣狗肉。因此第二卷之後都是在美國出版的。而直到1935年,這套書在英國還是只有少數進行醫學研究的人才能讀到,其爭議性可見一斑。

靄理士對性的認知深刻,因而說過許多名言。譬如:「性是一個通體的現象,我們說一個人渾身是性,也不爲過;一個人的性的素質是融貫他全部素質的一部分,分不開的。」又譬如:「性是任何事物也無法熄滅的長明之火。我們應該像摩西那樣,扔掉鞋,光著腳,去探索這不可思議的火焰。」當然,還有這一句:「魅力是女人的力量,一如力量是男人的魅力。」

## 9 佛洛伊德

雖然有女性主義者抗議他說女人有「陰莖嫉妒」情結,並且認爲他太過大男人主義,不過,無損於他對後人實際產生的影響。

他的影響不必在這裡再多言了。

## 10 山額夫人 (Margaret Sanger, 1879~1966)

山額夫人

早年求學時學過護理,因而結婚當了家庭主婦之後,也以護士爲兼職工作。當護士的過程裡,因爲眼見自己周近的家庭婦女都爲不停的生育,以及低落的生育品質,包括流產、墮胎等等對身心造成嚴重的傷害,因而開辦一份刊物,來推動避孕的方法,以及節育的觀念。在二十世紀初的美國,這是非法的行爲,她頻頻遭到查禁,以及逮捕的可能,後來只好偷偷溜到英國去避風頭。在那裡她認識了靄理士,靄理士有關性心理的研究,對她影響深遠。山額夫人發現推動節育不只可以改善婦女的健康,更可以在無懷孕的後顧之憂下,充分的享受性的快樂。山額夫人後來回到美國,在受審前夕,因爲五歲女兒的病逝,才因輿論的同情而免牢獄之災,並且得到許多支援。之後她歷經長期和各種勢力的奮鬥,才在美國打開了避孕與節育觀念及方法之推廣。從1920年代起,她開始對亞洲及歐洲國家也展開巡迴推廣,不過在1922年去日本的時候遭到抵制,後來還到過北京大學演講,由胡適任翻譯。山額

夫人一直到86歲去世時為止，都在為節育的觀念和方法奮鬥。事實上，直到她去世的前一年，1965年，美國最高法院才通過結婚配偶之間的節育是合法的法案。她一生在節育上所投入的心血與遭遇阻力之大，由此可見一斑。早期她推動避孕的方法主要還是利用子宮帽，因而後來她也大力支助口服避孕藥的開發。避孕藥之問世，山額夫人也有一份功勞。近代女性可以擺脫生育機器的桎梏，享受性愛的快樂，和她關係密切。

## 11　G點的發現人

金賽博士對我們的重要性當然是無與倫比的，不過，G點的發現人則易於被忽略，因此值得特別一提。格拉夫伯格（Ernst Grafenberg）和另一人合作在1944年首先描述了女性陰道內有一個性敏感區域，然後在1950國際性學術雜誌上進一步闡述了這個區域。1983年，拉德絲（Alice Kahn Ladas）、佩里（John Perry）、惠普爾（Beverly Whipple）三人合著的《G點》一書，概括了有關G點的解剖與生理、研究歷史與現狀，帶來轟動性影響。在這本書裡，三位作者正式以格拉夫伯格姓氏的起首字母為這個部位取名G點。2002年7月，義大利科學家從生物化學標記著手，證實了G點的存在。G點出現後，戀人當然更是歡天喜地。（不過，少數總是找不到的人除外。）

## 12　金賽博士

在1947年，金賽博士（Alfred C. Kinsey），創立了金賽研究機構（The Kinsey Institute），開始了他的性學研究之旅。其他的不須贅言。

## 13　約翰‧藍儂

披頭四的老大，1960年代反戰、嬉皮，性愛解放運動的代表人。也不需要多說了吧。

## 14　提姆‧柏納李（Tim Berners-Lee）

網際網路是1960年代就開始存在了。然而真正為一般社會大眾所愛用，不能不提到提姆‧柏納李在1990年發明了WWW界面。

由於他的發明使用簡便，專利又公開，有助於網路在1990年代全面走入全世界的每一個角落。於是結合網路與實體世界的一夜情，純粹發生在網路上的虛擬性愛（Cybersex），介於各種可能之間的Chat，都開始和我們的呼吸一般均勻地起落著……

Corbis

提姆‧柏納李

# 15

Corbis

伊安‧威瑪

## 伊安‧威瑪（Ian Wilmut）

這個人的名字唸起來陌生又拗口。不過，他還有另一個名字，那就是複製羊「桃莉」的誕生者。

1996年7月，「桃莉」誕生的時候，就注定不只是一個科學或醫學的里程碑。生命可以「克隆」（Clone），人是生命之一，當然也就必將踏上「克隆」之路。而六年後，2002年，第一個克隆人，也的確就即將誕生了。

生命的繁殖與延續，是「性」與「愛」很原始的動機之一。人可以「克隆」之後，這個動機可以消失之後，「性」與「愛」當然也會產生質變。

於是，我們共同期待吧。

## 中國文化裡的7個人

# 1

孔子

## 孔子

孔子有幾個重要的影響。

一個當然是他編《詩》。《詩》的風、雅、頌三部分裡的「風」，也就是各地民間歌謠，收錄極多各國情詩。孔子編《詩》，一方面讓我們千秋之後的後人還可以看到像「有女懷春，吉士誘之」、「有美一人，傷如之何；寤寐無為，涕泗滂沱」這種令人心神蕩漾的情詩，但也因為他的緣故，《詩》成了《詩經》。《詩經》裡的情詩，長期覆蓋了其他外衣，硬化了。

在孔子的時代，儒家應該是很正面面對男女之事。孔子說：「飲食男女，人之大欲存焉；死亡貧苦，人之大惡存焉。」可見他對「男女」之事，視為人之本性之一。其後的儒家，孟子說：「好色，人之所欲，妻帝之二女，而不足以解憂。」（娶皇帝的兩個女兒都難以滿足。）到了荀子，更進一步說「性者天之就也，情者性之質也，欲者情之應也」，都是相當呼應人性的。儒家思想真正要「明天理，滅人欲」，實行禁慾主義，是宋明理學之後的事了。

# 2

## 張道陵

三國末年，張道陵創立了道教，由於入教都要交五斗米，所以早期又叫五斗米教。

道教不但講求清靜恬淡，胎息練氣的打坐，也注重房中術的養生之道。張道陵以玄、素之道為人治病，把房中術在民間大為推廣（玄女和素女都是古代有名的房中術大家）。道教之所以和老莊之說有關係，一是和老莊超脫俗世的思想有關，另也是因為他們用房中術來呼應老子《道德經》中的一些段落。

道教的房中術發展出「採陰補陽」、「還精補腦」等觀念，對中國文化的性愛理論和方法影響至深。

# 3 佛家

佛家的影響，可以玄奘法師譯的《般若波羅蜜多心經》為代表。《般若波羅蜜多心經》是不分宗教信仰，深深結合進中國文化裡的一部經典。多少人從中看透愛欲，證得「不生不滅、不垢不淨、不增不減」，終至「心無罣礙，無罣礙故，無有恐怖，遠離顛倒夢想，究竟涅槃」。但又有多少人把「色不異空，空不異色；色即是空，空即是色」掛在嘴上，成了自己出入花叢的藉口。

當然，玄奘法師的影響，只是釋迦牟尼的佛家影響的一個代表。不論大乘、小乘，不論出家、入世，不論紅塵、方外，不論因緣、輪迴，佛教對中國文化裡的愛情觀念是最深的。

# 4 宋朝的儒家

程頤

宋代有程頤上接周敦頤，下傳朱熹而發展出理學，成為儒家的重要流派。程頤有「餓死事極小，失節事極大」之名言，中國人後來對婦女貞節之重視，程頤這句話影響深遠。

宋代之前，對女性婚前的「貞」，雖然也很重視，但更重視的是婚後的「貞」，以免亂了宗紀。但是到了宋朝，男人除了重視女人婚後的貞節，對女人的處女情結也開始大盛，特別重視起婚前的「完璧之身」。

宋朝之前的中國文化，和許多文化一樣，對女性是有偏見，像《大戴禮記》中就說：「女者，如也，子者，孳也。女子者，言如男子之教而長其義理者也，故謂之婦人。」（女子，不過是一種把她當作男人來教育而使她懂一些道理的人。）然而，起碼「女子」的原義還是把她像男子一樣來教導一些道理的人。到了宋朝，像司馬光雖然不贊成女子作詩作詞，仍然主張女子讀書認字。可是到明朝，卻開始有「女子無才便是德」的觀念，甚至還有一句

對應的「婦人識字多誨淫」。因而到明末，人多不教女子讀書了。

這些變化，宋朝是個轉捩點。

## 5 曹雪芹

寫《紅樓夢》的那位先生。寫賈寶玉、林黛玉的那位先生。他的影響，不必多言。

## 6 陳獨秀

1915年，陳獨秀創辦《新青年》雜誌，產生了新文化運動。次年，陳獨秀在《新青年》上發表一篇文章〈一九一六年〉，主張女子要從被征服者的地位改為征服者的地位，並對儒家舊式三綱的觀念提出挑戰，為女權革命點燃了星星之火。後來《新青年》上對女權的討論越來越多，終於到五四的時候結合出爆炸性的影響。

1918年4月周作人在《新青年》上翻譯發表日本與謝野晶子所寫的〈貞操論〉。文中所言「我對於貞操，不當他是道德，只是一種趣味，一種信仰，一種潔癖」，在當時的社會裡掀起軒然大波。9月，胡適之在《新青年》發表〈美國的婦人〉一文，呼籲中國的女人應該發展一種「超於良妻賢母的人生觀」，換句話說，也就是「自立」的觀念。

1919年，五四運動爆發，與新文化運動結合出另一股翻天覆地的力量，其中包括了對感情及婚姻的挑戰。

愛情是兩性的遊戲。中國近世兩性遊戲之所以發生根本性的變化，自陳獨秀創辦《新青年》雜誌而引爆。

## 7 張競生 (1889~1970)

張競生反對傳統觀念對婦女的壓迫，主張婚姻／性交自由，力倡性解放，試圖將現代西方的兩性觀念介紹到中國。1926年出版《性史》提倡性科學與性教育，更是造成極大震撼，出版數月即遭查禁；所經營「美的書店」，出版有《性育小叢書》等書，均在當時引起轟動效應。

一直到1980年代，《性史》在台灣仍然是禁書。張競生之先進，由此可見一斑。因而有中國性學第一人之稱。　■

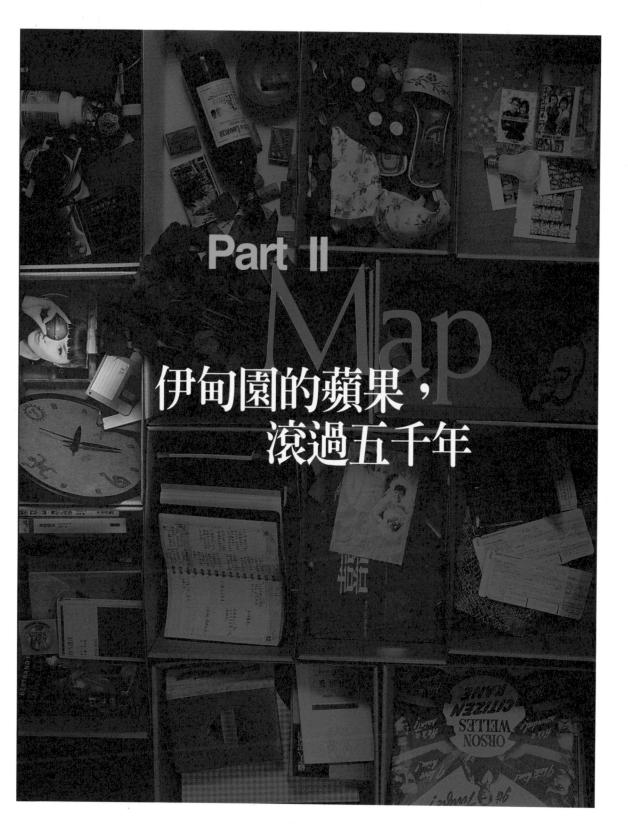

Part II

Map

伊甸園的蘋果，
滾過五千年

# Love Maps 一個有待補充的筆記

編輯部

中國人的「姓」字，從女字，因此最早應該是以母系為中心，後來才轉為父系社會。周朝進入宗法社會，家長定於一尊。子女是父母的所有物，女子又是男子的所有物。《大戴禮記》中說是：「女者，如也，子者，孳也。女子者，言如男子之教而長其義理者也，故謂之婦人。故女子無名，系男子之姓以為名。」（女子，不過是一種把她當作男人來教育而使她懂一些道理的人。因此女子不需要名字，用男人的姓當作名字。）還有一種說法是：「婦人，不過伏人。夫人，不過扶人。」這些，都使得接下來中國女人數千年在愛情關係上站在一個非常不平等的地位。

商代甲骨文記載商王武丁先後有妻三人、寵幸六十餘人，是中國古代一夫多妻最早的文獻記錄。此種事實後來成為男子納妾的風俗。後來關於娶妻納妾數目的規定各異，但均自親王至庶人按身分遞減，庶民則守一夫一妻制，故有「匹夫匹婦」之稱。
但是妻妾制的真正盛行，是到戰國的事。孟子說：「食前方丈，侍妾數百人，我得志弗為也。」

在孔子的時代，儒家應該是很正面對男女之事。孔子說：「飲食男女，人之大欲存焉；死亡貧苦，人之大惡存焉。」可見他對「男女」之事，視為人之本性之一。其後的儒家，孟子說：「好色，人之所欲，妻帝之二女，而不足以解憂。」（娶皇帝的兩個女兒都難以滿足。）到了荀子，更進一步說「性者天之就也，情者性之質也，欲者情之應也」，都是相當呼應人性的。儒家思想真正要「明天理，滅人欲」，實行禁慾主義，是宋明理學之後的事了。

傳說上古時堯帝將女兒娥皇、女英嫁給舜，二女共事一夫。後來舜在長江巡視，不幸死去，娥皇、女英痛哭投湘水而死。湘江畔盛產斑竹，傳說就是當年被她們的眼淚所濕，因此又名「湘妃竹」。

《詩經》，是中國最早的詩歌集，收集了公元前11~6世紀（大約相當於西周到春秋），305篇詩歌，分風、雅、頌三部分。其中「風」是各地民間歌謠，收錄極多各國情詩。從這些情詩中，可以看出當時禮教之防尚不嚴，男歡女愛得十分真切。
從《詩經‧齊風》中一句：「取妻如之何，必告父母……取妻如之何，匪媒不得」可以看出媒妁的制度到春秋時已確立。不過當時男女之防仍然還不嚴格。
所以《周禮》說：「以仲春之月會男女，是月也，奔者不禁。」

中國的哲學思想中，以《易經》為首。《易經》中的陰陽無所對立，也無高下之分，只是以陰陽之變動，對照為宇宙一切演變之中心。因此，這種思想不但從一開始就對「男女」之間的關係投注了最大的心力，並且對男女的觀點是相當平等的。

周幽王為取悅寵妃褒姒，舉烽火召諸侯為樂，致亡國。

中國愛情相關大事紀

| | 商 | | 西周 | |
|---|---|---|---|---|
| 4000BC. | 3000BC. | 2000BC. | 1200BC. | 1000BC. | 800BC. |

以歐美為主的其他地區愛情相關大事紀

公元前8世紀左右，荷馬（Homer）取材特洛伊戰爭，創作史詩《伊里亞德》（Iliad）。特洛伊戰爭起因於特洛伊王子擄劫天神宙斯之女、斯巴達王妃海倫，希臘城邦因而與特洛伊展開圍城之戰。

公元前8~7世紀，與荷馬同時代的另一位希臘詩人赫西俄德（Hesiod）寫了《神譜》，講到最早從混沌的深淵中，誕生了四個神。有混亂之神、大地之神、死神，以及滿頭金髮的愛神埃羅斯（Eros）。自此時起，Eros就成為西方「愛慾」的同義詞。後來埃羅斯又被稱為愛神阿芙羅迪特之子，相當於羅馬神話裡維納斯和邱比特的關係。（右圖為15世紀的埃羅斯雕像）

Corbis

公元前6世紀印度詩人卡列達沙（Kalidasa）創作詩劇《夏根泰拉》（Shakuntala），描寫杜蘭陽泰王與夏根泰拉的戀愛、離別與重逢。

公元前6~5世紀，古希臘悲劇詩人索弗克里斯（Sophocles，496~406B.C.）著《伊底帕斯》（Oedipus），敘述伊底帕斯弒父弒母，終至刺瞎雙眼自我流放的悲劇；尤里匹底斯（Euripides，484~406B.C.）的《美狄亞》（Medea, ca.431B.C.），則描寫女巫美狄亞遭遺棄，愛恨交織、深切入骨的感情。

希臘文「喜劇」（Komoidia）一詞原義為「飲酒狂歡歌」，與古希臘對陽具的普遍崇拜及其慶典有關。

公元前5~4世紀，《希伯來聖經》，也就是《舊約聖經》寫成。《士師記》裡參孫與大利拉的故事，是書本裡最早和「背叛」有關的愛情故事。

柏拉圖在《會飲篇》中，借希臘劇作家亞里斯多芬之口，講了一個神話：最早有三種人類，男人、女人，以及由兩性結合而成的陰陽人。這三種人都是球形的，每人有四隻手，四條腿，一個能轉360度的腦袋，上有兩張臉。人類在球形的時候並沒有愛，後來宙斯把每個球形人從中劈成兩半之後，每一半都想念被削掉的另一半，於是開始有了愛。因而亞里斯多芬認為愛就是「對整體的慾望和追求的簡稱」。而今天英語對性別的稱呼sex，是從拉丁語sexus（割裂）一詞演變而來，與這種半個人的觀點相似。

媳婦之道，戰國以後已形成。但也對夫妻之間的關係產生很多今天看來不可思議的「規矩」。之後發展出「七出」之條。此後，因生不出兒子、色衰愛弛、男子富貴忘恩負義而出現的「棄婦」，成為中國愛情故事裡很特別的一個章節。

《戰國策》中，豫讓遁逃山中。曰：「嗟乎！士為知己者死，女為悅己者容。吾必報知氏之仇矣。」和愛情密切相關的「女為悅己者容」一句名言，出自一名心急為故人報仇的好漢口中。

戰國 宋玉《登徒子好色賦》。後世另有偽託為宋玉所作的《高唐賦》，寫楚懷王夜夢巫山神女，共效魚水之歡。後世遂以「雲雨」喻男女交歡。

越王句踐為滅吳復國，將美女西施獻與吳王夫差，夫差十分寵愛，無心國事，終至亡於句踐。傳說吳國被滅後，西施與范蠡泛舟五湖，不知所終。

《尚書》中，可以看出「宮刑」是中國最早對情慾的刑罰：「男女不以義交者，其刑宮，是宮刑為淫刑也。男子…割去其勢，…婦人幽閉，閉於宮，使不得出也。」

屈原（343～277B.C.）在《離騷》中以美人比興，以及悲秋的寫法，都開風氣之先。從此文人墨客假託理想、才志於歌頌愛情與美人的詩詞之中，形成中國文學的一個特色。

墨子：天下兼相愛

《左傳》襄公23年記載《杞梁之妻》故事，咸信為後世《孟姜女》故事原型，經戰國《禮記‧檀弓》及西漢《列女傳》的增添，於是出現孟姜女一哭十日，「城為之崩」的戲劇性情節。
在民間故事《七世夫妻》中，玉皇大帝座前的金童玉女犯下錯誤，受罰來到凡間經歷七世的情愛煎熬。在故事裡，孟姜女和萬杞良這一世是第一世。（右為孟姜女）

公元前33年，昭君出塞，下嫁匈奴呼韓邪單于為妻，此後漢朝與匈奴60多年間釋懷修好，止息干戈。

漢武帝李夫人病危時，堅決不與武帝見面，後來她告訴其他嬪妃：「以色事人者，色衰則愛弛，愛弛則恩絕。」

司馬相如（?～118B.C.）至卓家作客，以一曲〈鳳求凰〉挑逗卓文君，致使文君夜奔相如，傳為佳話。

中國有妓女之稱，始於漢朝，漢武帝時的營妓。

春秋之前，「丈夫年二十無敢不處家，女子年十五無敢不事人。」到漢朝，則普遍確立男子「三十不娶是謂鰥」，女子「二十不嫁則謂過時」。

公元前202年，西楚霸王項羽被漢軍困於垓下，項羽唱〈垓下歌〉以發感概，虞姬為霸王起舞而歌，歌罷引劍自刎，〈和垓下歌〉遂成千古第一絕命悲歌。

秦統一天下之後，秦始皇重視貞節，幾次刻石，都曾提到。這是中國表彰貞節之始。到漢代更進一步，開始旌表貞節。

柏拉圖在《會飲篇》之中，再借蘇格拉底之口，對亞里斯多芬的觀點提出了反駁。他認為除非另一半或全體恰好是好的，否則人是寧願砍去手足的。因而他認為愛是對好的另一半或好的全體的慾望的追求，基本動力是對善的慾望，而不是對完整的慾望。所以，柏拉圖說：「愛是永久地擁有善的慾望。」至於性，只是肉體的一種權宜之計。
柏拉圖分析了理想的愛人必須通過的幾個階段，從陷入感官世界的階段開始，一個階段一個階段地攀登，昇華到值得他奉獻的唯一目標：「至善」，也就是「至美」。
柏拉圖說：「這種美是永恆的，無始無終，不生不滅，不增不減。」
這種昇華的愛，追求雖然也熱烈，但畢竟是一種理性活動的形式。因而後世稱之為柏拉圖主義，或柏拉圖式的愛情。柏拉圖主義在後來也構成基督教神學中的一個重要支柱。

柏拉圖的弟子亞里斯多德，則不談愛慾（Eros），而談友愛（Philia）。他把友愛分為三種：一是基於功利的，二是基於快樂的，三是因為對方自身作為人的存在而發生的，通過一起生活、共享利益，相互認識對方的善，建立一個愛的共同體。第三種友愛就是完美的友愛。夫妻間也可以存在這種友愛。至於一般男人間的愛慾，則只是一種「沒有節制的慾望」，或頂多可以說是第二種基於快樂的友愛。

希臘時代雖然對愛情有這麼先進的思想與哲學，但是在民間的生活裡，卻是十分男女不平等的。希臘人對男人的風流、亂搞容忍度很大，但是對女人則要求極苛刻，非常輕視女子，認為女子是次等的財產，甚至根本就是次等動物，妻子甚至不能和先生共餐。許多女性互相慰藉，成為女同性戀。最早的人工陰莖（Dildo，用木頭或皮革做的）就在此時出現。而女詩人莎孚（Sappho, ca.610～580 B.C.）許多詩描寫女同性戀情事，因而有許多女性追隨者，而莎孚的故鄉Lesbo島，後來也就成了女同性戀（Lesbian）的字源。

公元前323年，亞歷山大大帝定都巴比倫，被尊為「亞洲之王」。史上有關他是同性戀的猜測始終未斷。

公元前48年，在凱撒大帝（Julius Caesar, 100~44B.C.）支持下，托勒密王朝的克麗奧佩特拉（Cleopatra VII, 69~30B.C.）在與哥哥兼丈夫托勒密十三世的王位爭奪戰中贏得勝利，成為女王，即有名的埃及豔后。公元前47年，已嫁給弟弟托勒密十四世的克麗奧佩特拉與凱撒陷入熱戀，並為凱撒生下一子。凱撒遭暗殺後，她轉而支持馬克‧安東尼，兩人成為情侶。公元前30年，渥大維攻陷亞歷山卓城，並未被其美貌迷惑，談判失敗後，克麗奧佩特拉自殺，成為埃及的末代法老，古埃及歷史在此畫下句點。（左為克麗奧佩特拉）

Corbis

公元前1世紀，羅馬詩人維吉爾（Publius Vergilius Maro, 70~19B.C.）創作長詩《安尼亞士》（Aeneis），敘述特洛伊英雄於城破之後流亡迦太基與女王相戀的故事。

奧維德（Ovid, 43B.C.~17A.D.）著有《愛經》（Ars Amatoria）一書。

三國末年，張道陵創立了道教。

道教不但講求清靜恬淡，胎息練氣之坐，也注重房中術的養生之道。道教的房中術發展出「採陰補陽」、「還精補腦」等觀念，對中國文化的性愛理論和方法影響至深。

東漢末年及三國時代，有不少和愛情相關的故事。呂布為貂蟬而殺董卓；周瑜「江左風流美丈夫」和江東美女小喬成為才子佳人的象徵；曹植為曹丕捷足先登的甄妃而寫〈洛神賦〉，都流傳久遠。

從東漢兩個故事，也可以知道當時社會對女子再嫁的容忍度是很大的。一個是蔡琰被擄去匈奴產下兩子回到中原還再婚幸福美滿、另一個是黃昌的妻子被賊人擄去生子之後，和黃昌在太守任上重逢還可以復婚恩愛。

古詩〈孔雀東南飛〉，相傳為建安年間（196~220）所作，是傳統家庭倫理下的夫妻殉情悲劇。

《漢書》記載漢哀帝（7~1B.C.在位）初見年方22歲的董賢，「悅其儀貌」，乃有「斷袖之癖」。中國古代男性相戀者不少，見諸詩文者亦眾，其中阮籍（210~263）的〈詠懷詩〉即是最早歌詠同性戀的五言詩。明代著名的戲曲理論家王驥德（?~1623）還有一則傳奇《男王后》傳世。

公元前1世紀，佛教傳入新疆于闐。到東漢時代，開始翻譯佛經，《四十二章經》是現存佛經中最早的譯本。從此，佛教的輪迴思想，以及經典中對於愛情的解釋，影響中國人極為深遠。

佛教思想中針對愛情的修行，大約可分為兩個面向，一個是了解「汝愛我心。我憐汝色。以是因緣。經百千劫，常在纏縛」，超脫於愛情對生命的糾纏之外。

另外一個面向，認為愛是六根偏好所形成的各種執著心之一，而修行的究竟，就是打破六根的執著，證得「過去心不可得，現在心不可得，未來心不可得」，而自我和宇宙的本性是「不生不滅、不垢不淨、不增不減」。（左圖為洪啓嵩繪《托腮菩薩》）

《漢書‧藝文志》方技類便列有房中術書。1973年底，長沙馬王堆三號漢墓出土文物中有房中術簡牘帛書，如《十問》、《合陰陽》、《天下至道談》、《養生方》及《雜療方》等，據考證，其年代至少不晚於西漢文帝，早於印度《愛經》（Kama Sutra，成書於公元4~5世紀）及羅馬奧維德所寫的《愛經》（Ars Amatoria，成書於公元開始的前後）甚多。

西漢　　　新莽　　　　東漢　　　　　三國　西晉　　　東晉

0　　　　　　　　　　　　200　　　　　　　　　　　400

羅馬時代對性、愛的態度是十分分裂的。一方面，羅馬的律法對一夫一妻制度，家庭宗長的權威要求十分嚴格，一方面又十分耽溺於性愛與狂歡。羅馬人對陽具的崇拜，十分狂熱。由於陽具代表力量，可以去邪，所以羅馬人把陽具的象徵掛在廚房、臥房，甚至自己的脖子上。今天英文Fascinating（很棒）的字源，就是拉丁字Fascinum，陰莖。

結婚戴戒指，也是羅馬時代開始的事。因為羅馬人說，古埃及人在解剖人體時，曾經發現無名指有一條極纖細的神經通往心臟。而戒指圈住無名指，也就圈住了對方的心。但是羅馬人對一個男人高尚品格的要求是：要公平地對待所有的眷屬，包括僕人、子女、奴隸，以及妻子。（右圖為公元1世紀羅馬的妓院風光）

羅馬神話裡，出現美麗與愛情之神維納斯（Venus）以及她的兒子邱比特（Cupid）。Cupid出自希臘字根，是「慾望」（Desire）之意。事實上，邱比特就相當於希臘神話中的埃羅斯（Eros）。

公元79年，維蘇威火山爆發，淹沒龐貝古城。2001年新的考古挖掘發現，龐貝城的公共浴室內竟有極香豔大膽的壁畫。

羅馬帝國式微，第3世紀中葉，在北方蠻族的侵掠下，分治為東西羅馬帝國，無力再掃除中間的障礙而統一。第4世紀開始的時候，基督教成為羅馬的官方信仰。

Corbis

真正將基督教建立為一個把「愛」做為最高信條的宗教，是聖奧古斯汀（Saint Augustin, 354~430）。從此，綿延中世紀到今天，基督信仰中，一直要試圖解答四種愛的問題：愛欲（Eros）、友愛（Philia）、忠愛（Nomos）和神愛（Agape）。

聖奧古斯汀認為柏拉圖主義最大的不足在於：人在不停地追求善的過程中，必然會產生驕傲。因此，人雖然可能透過愛欲來追求至善，但他需要神愛來看出自己精神的卑微，否則就看不到終究的目標。

第4~5世紀，印度寫就了《愛經》（Kama Sutra）。

475　西羅馬帝國滅亡，黑暗時期開始。

第4世紀時，羅馬皇帝克勞帝斯（Claudius）在外作戰，認為單身的士兵更可能不惜性命奮勇作戰，所以禁止人民結婚。當時一名僧侶華倫泰（Valentine）則祕密為男女舉行婚禮，因而被逮處死。到中世紀時，華倫泰被封為聖華倫泰，成為情人的守護神。紀念他死去的那一天，也就成為情人節（St. Valentine's Day）。

不過，情人節真正行銷全球，還是二次大戰之後的事。起因還是日本商人為促銷情人之間互送巧克力而借貸大加宣傳。（巧克力是由美洲傳入歐洲的，而據傳墨西哥的國王蒙提祖馬要在後宮御女之前，要喝五十杯巧克力，以增加性能力。因而在西方，巧克力原就被認為是一種催情的食物。）

玄奘法師譯《般若波羅蜜多心經》。

唐代的詩人，像李白（701~762）、元稹（779~831）、杜牧（803~852）、李商隱（812~858）都有膾炙人口的情詩傳下來。張籍詩〈節婦吟〉，以「還君明珠雙淚垂，恨不相逢未嫁時」傳誦千古，更是詩裡描寫已婚婦女感情與道德衝突的第一人。

唐 公元641年，唐太宗將皇室宗親文成公主下嫁吐番王宗贊干布，開創了二百多年唐蕃交好的時代，也促成唐朝文化的西傳。宗贊干布非常喜愛文成公主，在拉薩為公主修建了布達拉宮，後代經過多次擴建而形成今日的規模。

南北朝 三國魏時，聲妓大盛。到南北朝，家妓最盛。石崇、王愷家中皆有家妓數十人。其中，豪富石崇有寵妾綠珠，某位大臣為了搶奪綠珠而設計陷害石崇，綠珠只有跳樓一死以明志。唐代詩人杜牧同情綠珠的命運，有「落花猶似墜樓人」的詩句。

東晉〈七世夫妻〉故事中，東晉時代的梁山伯和祝英台，是第二世。

五代《花間集》頗多豔詞。此外南唐李後主（937~978）早年與大小周后姊妹歡樂的宮中生活，更產生許多豔麗詞作，如「花明月暗飛輕霧，今朝好向郎邊去」等。

懿宗（859~873）年間宰相王允之女王寶釧，下嫁落拓書生薛平貴，為等待薛平貴隨軍西征取功名，苦守寒窯十八載，終於盼得薛平貴功成名就回家團圓。今西安城南小雁塔附近武家坡上的窯洞，相傳即是王寶釧的寒窯。
唐人傳奇書寫愛情故事甚多，著名者有〈霍小玉傳〉、〈鶯鶯傳〉、〈李娃傳〉、〈虬髯客傳〉等，常為後代戲曲小說所取材。

玄宗天寶14年（759），安祿山起兵作亂，玄宗入蜀避難，行至馬嵬坡，六軍鼓噪，玄宗迫於情勢，賜死楊貴妃。白居易（772~846）在〈長恨歌〉中感嘆：「君王掩面救不得，回看血淚相和流。」

| 南北朝 | 隋 | | 唐 | | 五代 | 北宋 |
|---|---|---|---|---|---|---|
| | 600 | | 800 | | | 1000 |

622 穆罕默德逃到麥加，回教紀元開始。

中世紀的時候，歐洲各地社會秩序混亂，基督教羅馬城主教逐漸替代羅馬皇帝，成為安定力量，被尊稱為「教皇」。由於對中古世紀的基督徒來說，宗教愛就是個整體。因而即使是對自己的妻子，如果懷有過多的肉體慾望，都是犯了通姦罪。
中世紀的神職人員中，最悽惻的愛情故事，是阿伯拉（Ablelard）與袁綠綺思（Heloise）的故事。

1095年，為了解救被土耳其人佔領的耶路撒冷，十字軍東征開始，直到1295年結束，長達200年。由於十字軍東征，在歐洲發生了兩件相關的影響。其一，是產生了騎士精神（Chivalry）。騎士精神強調成為天主的騎士，要有真、善的信仰，對平民要謙恭有禮而仁慈，對柔弱的女性更要如此。其二，是由於男子長期征戰在外，只由女子管理家產，因而不但提升了女子的形象和自尊，並且也因而增加了女性對愛情的幻想和渴望。騎士精神和女子對愛情的渴望碰撞在一起，就產生了許多愛情的機會。
羅馬時代原認為女人是次等人類，有待耕耘的土地，中世紀開始時也是如此，但是到這時則發生了變化，女人，成了男人愛情的對象。
墊子，就是在這時首次出現在歐洲，因為騎士要在單腿下跪時來墊。另外，一個英勇的男人要歷經萬險來解救一個女人，也因此成為愛情的典型。
十字軍東征，還產了一樣副產品：貞操帶。歐洲出征的貴族為了保證妻子在自己不在的時候不會和別人亂搞，製造了一個鐵框子鎖在她的腹部。（左圖為貞操帶）

在日本的古典文學中，大伴家持（718~785）編《萬葉集》，收錄7~8世紀詩歌，其中「相聞」類即戀愛的戀歌。
紀貫之（882~946）編《古今和歌集》，其中約四分之一是情詩，其氛圍見花而感聚散，窺月而嘆無常，頗多因果宿命觀念。
大約1010年左右，日本女作家紫式部寫作《源氏物語》，敘述王子光源氏一生離奇的愛慾故事。

纏足應該始於南唐李後主。李後主有個很喜歡的嬪女，纖麗善舞，因此作了一個高六尺的金蓮，飾以珍寶，然後叫這個嬪女用帛纏足，「屈上作新月狀」，「行舞蓮中，迴旋有凌雲之態」。之後，到宋代，已盛行纏足。小腳是婦女身分地位的象徵，也被當成擇妻的重要條件之一，對女子的終生大事影響至巨。此外，女人的小腳開始被視為身體最隱密的一部分，也是性魅力所在，一個男人觸及女人的腳，依照傳統觀念已是性交的第一步。纏足不便於行的女人，在男女關係上再增添一個新的不利因素。

〈鍘美案〉出現於《包公案》中，內容為北宋仁宗（1022~1063）駙馬陳世美功成名就之後拋家棄子，不認糟糠，反派人追殺髮妻秦香蓮，後來經包公明斷，儘管陳世美是當朝駙馬，依舊按律處死。

北宋 宋代有程頤上接周敦頤，下傳朱熹而發展出理學，成為儒家的重要流派。程頤有「餓死事極小，失節事極大」之名言，中國人後來對婦女貞節之重視，程頤這句話影響深遠。
宋代之前，對女性婚前的「貞」，雖然也很重視，但更重要的是婚後的「貞」，以免亂了宗紀。但是到了宋代，男人除了重視女人婚後的貞節，對女人的處女情結也開始大盛，特別重起婚前的「完璧之身」。
對女人婚前婚後的貞節都強調到這種程度，因此宋元之後的婦女，為免體膚為人所見，盛行有病諱醫。

元 王實甫（ca.1260~1336）作雜劇《西廂記》，描寫張生與崔鶯鶯在紅娘的幫助下衝破禮教束縛而結合的故事，其結尾處是中國文學史上第一次正面表達「願有情人終成眷屬」的願望。

南宋 詞人陸游（1125~1209）娶表妹唐婉為妻，兩情甚篤，但不見容於母親，最後無奈休妻。一日兩人在沈園相遇，陸游題〈釵頭鳳〉，傳誦至今。

歐陽修（1007~1072）詞作〈生查子〉，有「月上柳梢頭，人約黃昏後」之句。柳永（生卒年不詳）頗多哀感慢詞，其中〈蝶戀花〉中有「衣帶漸寬終不悔，為伊消得人憔悴」，是名句之一。
詞壇才女李清照（1084~?）18歲時嫁太學生趙明誠，兩人志趣相投，婚姻美滿，至靖康之難，金兵陷汴京，戰亂中流離失所，兩年後趙明誠疾歿，李清照國破家亡，孑然一身，詞風大變，於是有「只恐雙溪舴艋舟，載不動許多愁」的悲句。

## 北宋　　　　南宋　　　元

**1000　　　　1100　　　　1200　　　　1300**

11~13世紀末，出現許多流浪歌手和吟遊詩人，以類似豎琴或古提琴族的樂器伴奏，演唱著充滿世俗風格、人間情調的愛情歌曲、牧歌和諷刺歌曲，推動了新的音樂潮流。這些吟遊詩人來往於各地，吟唱著愛情歌曲，更進一步催化了剛醒覺的女性與愛情的需求。長詩《薔薇傳奇》（Roman de la Rose）是中世紀法國吟遊詩人的代表作。

1274年，義大利詩人但丁（Dante Alighieri, 1265~1321）初遇碧翠絲（Beatrice Portinari），此後終其一生，碧翠絲都是他的摯愛以及創作的靈感泉源。1290年，24歲的碧翠絲去世，2年後但丁作詩《新生》（Vita Nuova）以為紀念。此後20多年間，但丁致力於寫作長詩《神曲》（La Divina Commedia），並在第三部中令碧翠絲復活陪他同遊天堂。《神曲》堪稱是但丁對碧翠絲畢生之愛的見證。

義大利作家薄伽丘（Giovanni Boccaccio, 1313~1375）的《十日談》（Decameron），內容多半為理該禁慾的修士修女們如何耽於淫樂，或一般平民大膽談戀愛結果引起家庭糾紛的故事，薄伽丘筆下充分描寫出脫離中世紀桎梏的人們，如何過著自在且熱情奔放的愛情生活。（左圖是《十日談》裡的一段故事）

中世紀時，義大利人開始喜歡用鑽石來做戒指，因為他們相信鑽石是「愛」的火焰所形成的。英文Diamond的字源是希臘文Adamas，「看不見的」之意。

Corbis

設定在明末李自成造反之後的「李奎元與劉瑞蓮」的故事，是〈七世夫妻〉故事中第七世，下凡的金童和玉女終於得以幸福相聚。從春秋時期的第一世算起，這七世的故事上演了二千二百多年了。

明代皇帝給予守節婦女之家「旌表門閭」、「免除差役」的特權，以鼓勵婦女守節，貞節牌坊的出現則是其風氣頂點。《清會典》記載，符合建坊條件的婦女有以下七種情形：(1)節婦不論妻妾，自三十幾以前守節至五十幾歲或年未五十身亡，但已守節十五年者；(2)夫婦未成婚而流離失散，守志至老；(3)以父母未有子孫終身不嫁的孝女；(4)婦女遭寇守節致死；(5)婦女因強姦不從致死或因調戲而自盡者；(6)本夫逼令賣姦而抗節自盡或童養媳拒其未婚夫之調姦而致死者；以及(7)節婦被親屬逼嫁致死者。

施耐庵在嘉靖年間（約1550年）寫《水滸傳》，其後，蘭陵笑笑生作《金瓶梅》，對人性幽暗面及男女情慾均有極入微的刻畫，特別是對潘金蓮角色的描寫，使這個名字成為蛇蠍女子的代稱。
《肉蒲團》、《癡婆子傳》與《浪史》三部豔情小說都出現於約17世紀的晚期。《肉蒲團》一般認為是李漁（1611~1680）所做，是豔情小說的代表之作，《浪史》約作於萬曆，描寫錢塘秀才梅素先（人稱浪子）的性冒險故事，其書寫及閱讀傾向均以男性為中心。

1644年3月，闖王李自成攻陷北京，明崇禎皇帝自縊於煤山，山海關守將吳三桂以「為明復仇」為由，大開山海關，引清兵入關。吳梅村在長詩《圓圓曲》中寫道：「鼎湖當日棄人間，破敵收京下玉關，慟哭六軍俱縞素，衝冠一怒為紅顏。」自此民間傳說吳三桂是因為李自成強佔他的寵妾陳圓圓，一怒之下開關降清。

王陽明（1472~1528），上承宋朝另一位陸九淵的學說，以「知行合一，格物致知」的理論，把心學發揚光大。

前面說過，「女子」的原義是把她像男子一樣來教導一些道理的人。一直到宋儒，像司馬光雖然不贊成女子作詩詞，但仍然主張女子讀書認字。可是到明朝，卻開始有「女子無才便是德」的觀念，甚至還有一句對應的「婦人識字多誨淫」。因而到明末，人多不教女子讀書了。

明崇禎年間（1628~1644）馮夢龍剪輯元明小說並加以潤飾而成《今古奇觀》，其中有許多愛情故事，如〈賣油郎獨佔花魁女〉、〈喬太守亂點鴛鴦譜〉等。時間背景在宋朝的白素貞與許仙的故事，雖然在民間流傳已久，但是付諸文字，首見於馮夢龍的《警世通言》。

明初，江盈科的《雪濤小說》首見「妻不如妾，妾不如妓，妓不如偷，偷不如偷不著」的情愛論述。

明　　　　　　　　　　　　　　　　　　清
1400　　　　　　　　　1500　　　　　　　　　1600　　　　　　　　　1700

1455年古騰堡（Joahn Gutenberg）發明活版印刷術之後，除了帶動文藝復興、宗教革命、提高歐洲的教育程度之外，也使普及的書籍成為各種愛情故事流傳的媒介。書籍，開始成為戀人之間相互溝通的工具。

1477年，法國首開皇家郵政的先河，也為情書的進一步發展拉開了序幕。

15世紀初，文藝復興運動在歐洲各處興起，人文主義開始成為中心思想。隨著人文主義興起，對上帝的愛也不斷地轉變為以人類為中心的愛。不論文學、繪畫、雕塑，都逐漸加重對男女之愛的歌頌。

1503-6年間，達文西（Leonardo da Vinci）完成畫作《蒙娜麗莎的微笑》（Mona Lisa）。

1515年，義大利詩人亞利歐斯圖（Lodovico Ariosto, 1474~1533）詩作《奧蘭多的狂怒》（Orlando Furioso），以騎士的戀愛故事及驚人冒險為主軸。

莎士比亞劇作有許多與愛情有關，其中最著名的為悲劇《羅密歐與茱莉葉》（1596）、《奧賽羅》（1604）、《安東尼與克麗奧佩特拉》（1606）等，喜劇則有《馴悍記》（1594）、《維洛那二紳士》（1594）、《仲夏夜之夢》（1596）、《溫莎的風流娘兒們》（1601）、《第十二夜》（1602）等。

17~18世紀，西方世界出了幾位「情聖」。
先是西班牙戲劇家摩利拿（Tirso de Molina, 1584~1648）創造了「唐璜」（Don Juan）這個風流一世的人物。
卡薩諾瓦（Giovanni Giacomo Casanova, 1725~1798）不同於唐璜的是，他是真人實事，也實現了所有情慾的可能。他講了一句名言：「熄了燈之後，所有的女人都一樣。」
美國開國元勳之一的富蘭克林，曾經和卡薩諾瓦有過一面之緣。富蘭克林不但以他各種功績、發明著稱於世，也是一個高明的情人。他的書信在論及愛情時，有一篇談了種種和年長的女人做愛的好處之後，提到她們「還感激涕零」，成為名言。

馬丁路德（1483~1546）發動宗教革命，其實也是對以聖奧古斯汀為首的信仰的反動。他認為人生來就是罪人，也始終是一個罪人，人是不可能透過「純愛」（Caritas）來提升自己的。人唯一可以做的，就是好好地來認知自己的罪，而把其他的交給上帝。宗教革命之後，神職人員改為可以結婚。同時由於把性慾和原罪相聯的影響，也出現了所謂清教徒做愛姿勢之說。

1667年，英國詩人彌爾頓（John Milton, 1608~1674）創作長詩《失樂園》（Paradise Lost），敘述人類祖先亞當與夏娃受魔鬼誘惑偷嚐禁果，被逐出樂園的故事。

自明萬曆（16世紀）以來，社會經濟變動，財富增加，婚姻行為亦起變化，開始有「婚姻論財」之風，即「婚姻不論門第，惟從目前富貴」。至清雍正年間，奏報有云男家聘禮少則四、五十兩，多則二、三百兩，至清末甚至有逾千金者，因此中產之家多有鬻產娶婦之事。此等風氣所及，《會典》中所載的婚嫁禮制也已形同虛設。此外，「聘定重諾」、「嫁後從一」的傳統，也因財富的興起轉變為「貪聘悔婚，挾嫌改適」。明清兩代官府常謂男女婚嫁應立「婚書」，就是因為口諾已難信。

野史傳說順治皇帝（1643~1661在位）以愛妃董鄂氏病卒，痛不欲生，乃棄位至五台山出家為僧，傳說董鄂氏即為原江南名妓董小宛，載於《清朝野史大觀》，經後代考證，董鄂妃係滿洲世家之女，並非董小宛。

蒲松齡（1640~1715）作《聊齋誌異》，不但是中國有名的鬼故事書，也是過去許多少年男女的愛情啓蒙書，像〈聶小倩〉這樣的人鬼之戀固然非常多，還有像〈五通神〉那種描繪性愛場面火辣的故事。

孔尚任（1648~ca.1718）作戲曲《桃花扇》，描寫南明弘光朝廷覆亡的故事，以復社文人侯方域與秦淮名妓李香君的愛情悲歌貫穿全劇。

曹雪芹（?~ca.1762）作《紅樓夢》，是其回憶往事、懺悔平生之作，以賈寶玉、林黛玉的戀愛及賈府的盛衰為故事主軸，全書出場人物達三千之譜，但描寫中各具性情，栩栩如生，筆法浪漫與寫實兼具，是中國古典文學史上壓卷之作。（左為林黛玉圖）

宋朝開始的纏足，到清朝時已經發展為小腳崇拜了。因而出現方絢所作的《香蓮品藻》，說小腳有「五式」、「十八種」、「三貴」、「九品」，以及「四忌」、「九好」。妓鞋行酒，「志在聞香」，也成了文人墨客的風流。

清

1700                                    1750

1774年，德國文豪歌德（Johann Wolfgang von Goethe, 1749~1832）寫作《少年維特的煩惱》（Die Leiden des Jungen Werthers）。

1796年，拿破崙（Napoleon Bonaparte, 1769~1821）致信約瑟芬（Josephine Beauharnais, 1763~1814）：「妳每天忙些什麼呢？什麼事情那麼重要，竟使妳忙得沒有時間給妳忠誠的愛人寫信呢？……我的愛人，得不到妳的消息確實使我坐立難安。立刻給我寫上四頁的信來！四頁充滿甜蜜話語的信，將使我感到無限欣慰……。」同年稍早拿破崙才不顧家人反對，在巴黎與大他6歲的約瑟芬公證結婚，這場婚姻持續了14年。1809年，拿破崙不得不向政治現實低頭，與奧地利公主結婚，但他終生對約瑟芬都未能忘情，據說約瑟芬死後他曾到她墓前痛哭，1821年他臨終的遺喊著約瑟芬的名字。（右圖為他倆在離婚儀式上）

19世紀的浪漫主義文學與愛情中，英國有雪萊、濟慈及拜倫等為代表。法國小說家夏多布里昂及詩人拉馬丁也都有纏綿悱惻的愛情作品。德國則有諾瓦里斯寫作《奧芬丁格的海恩利希》。19世紀另有寫實主義文學，在愛情的書寫方面逐呈現截然不同的風貌：英國有女作家珍‧奧斯汀、白朗蒂姊妹，此外還有薩克萊以及哈代等。法國有斯湯達爾、小仲馬的、福樓拜及莫泊桑等。在美國有霍桑。德國有施篤姆及霍普特曼等。俄國，有屠格涅夫、杜斯妥也夫斯基、托爾斯泰等。

法國女作家喬治桑（George Sand, 1804~1876）特立獨行，為了性自主而離婚，又與多人同居，是女性自主運動的先驅人物。喬治桑與蕭邦影響至深，兩人同居7年間，是蕭邦音樂創作的高峰期。1847年喬治桑離蕭邦，至感痛苦的蕭邦，寫作《D大調前奏曲》以為紀念。此外，匈牙利鋼琴家李斯特及法國詩人繆塞等也都是她的情人。

18與19世紀，是音樂家紛紛以自己的生命，或創作的樂章來譜寫愛情的年代。作曲家以愛情為主題的音樂家有莫扎特、舒伯特、華格納、威爾第、德布西等。自己本身的戀愛就纏綿悱惻的，著名的有貝多芬、舒曼、柴可夫斯基。

1842年，孟德爾頌為莎翁名劇《仲夏夜之夢》配樂，譜寫有名的〈結婚進行曲〉（Hochzeit），與華格納的〈結婚進行曲〉同為後代婚禮所經常演奏。

Corbis

清末張心泰《粵遊小誌》：「廣州女子多以拜盟結姊妹名金蘭會。……近十餘年，風氣又復一變，則竟以姊妹花為連理枝矣。且二女同居……情好綢繆，逾於琴瑟，竟可終身不嫁。」這是對女同性戀的一次田野調查報告了。

文康著《兒女英雄傳》。

李汝珍著《鏡花緣》，是第一部比較從男女關係平等立場來寫成的小說。

清代新移墾地區的男女關係較傳統農業區開放，因為墾區男女少，婦女地位相對較高，寡婦再嫁較少受到歧視。此外婚外關係也少受倫常約束，遼東關外女子常有喪夫後不再嫁，卻與其他男子「伙度」者，黑龍江一帶甚至有妻在夫同意下再招男子同居的「拉幫套」關係，此類風俗在晉北、陝南、隴東稱為「招夫」或「放鴿」。

甲午戰爭之後、戊戌變法之前，中國社會在救亡圖存的努力中，也開始有了一點對女權的反省。其中兩個比較值得注意的運動是：不纏足、興女學。其中梁啟超所言極有力：「吾推極天下積弱之本，則必自婦人不學始！」戊戌變法失敗之後，這兩個運動也都中斷。

19世紀中葉以來的狹邪小說，雖不脫情色說部一貫的感傷及艷情，卻另發展新意，對開拓中國情欲主體想像，深具影響。有陳森（1805?~1870?）《品花寶鑑》（1849），寫男伶與恩客間的假鳳虛凰，被視為狹邪小說的開卷之作；魏子安《花月痕》（1872）反寫才子佳人淒艷情事、韓邦慶（1856~1894）《海上花列傳》（1892），為上海妓女作傳，白描歡場的真情流露，素筆寫盡繁華事。曾樸（1871~1935）出版《孽海花》（1905出版，1928修改版），寫名妓賽金花與狀元洪鈞、八國聯軍統帥瓦德西的戀情，兼寫清末數十年歷史動盪。

────────────── 1850 ────────────── 1900 ──────────────

1812年，德國格林兄弟（1785~1863）發表第一卷採集的德國民間童話故事，其中與愛情有關的有〈青蛙王子〉、〈白雪公主〉、〈睡美人〉等。

1836年，丹麥童話作家安徒生（1805~1875）發表〈小美人魚〉。

1837年，俄國浪漫主義作家普希金（Alexander Pushkin, 1799~1837）因妻子受辱與人決鬥死亡。詩作〈尤金・奧涅金〉（Evgenij Onegin），敘述拜倫型的男主角與典型俄羅斯堅毅女性之間的一場戀愛。

1837年，英國維多利亞女王即位，開始「維多利亞時代」的種種生活風格與習俗，進入一個十分封閉而保守的狀態。良家婦女做愛的時候都力求不作反應，因而維多利亞時代的性愛觀，也經常和清教徒的性愛觀相聯。
這個時代男人對性有需求，都要去妓院。因而維多利亞時代，也是妓女、性病、被虐狂、性變態等大行其道的時代。維多利亞時代對家庭婦女所設定的形象，事實上一直影響到20世紀前葉，甚至中葉。（右圖為當時歐洲的妓院）

Corbis

1842年，美國發明乳膠保險套的前身，不論在性愛或健康的角度來看，都是人類的一件大事。保險套之稱為Condom，源起於15世紀法國路易王朝一條流行梅毒的街道名稱。

1844年，馬克思撰寫《1844年經濟學哲學手稿》，其中提到「男女之間的關係是人與人之間的直接的、自然的、必然的關係。在這種自然的、人類的關係中，人同自然界的關係直接地包含著人與人之間的關係……因而，根據這種關係就可以判斷出人的整個文明程度。」

1848年，第一個女權運動大會舉行，以美國獨立宣言的精神為根據，由史丹頓（E. C. Stanton）發起。這個大會是女性運動的先驅，對許多女同性戀者也提供了支持與溝通的機會。

1887年，羅丹（Auguste Rodin, 1840~917）展出雕塑《吻》，其中的女人是以他的情人卡蜜兒・克勞代爾（Camille Claudel, 1864~1943）為模特兒。

1893至1894年，義大利作家鄧南遮（Gabriele D'Annunzio, 1863~1938）和奧地利小說家史尼茨勒（Arthur Schnitzler, 1862~1931）分別有和愛情相關的代表作。

19世紀中葉開始，對性的解釋權，逐漸從教會手上轉到科學家手上。19世紀末，靄理士（H. Havelock Ellis, 1859~1939）尤其是早於佛洛德，在人類性科學的研究和教育上開了風氣之先。他七大卷《性心理學研究錄》（Studies in the Psychology of Sex）探討了從手淫、同性戀到姦屍等各種性的心理，當1896年在倫敦出版第一卷時，被禁，後來在美國才出齊。

尼采（Friderich Wilhelm Nietzsche, 1844~1900）主張要把人從神的桎梏中，從一切犧牲、義務中解放出來，歌頌享受極大自由的生命。因而在《查拉圖斯特拉如是說》中發言：「自有人類以來，人就很少真正快樂過．這才是我們的原罪。」

1876年，貝爾申請電話專利。電話與情話相結合，則還要有一段時間。

1886年，精神心理學家馮克列夫伊賓（Richard von Krafft-Ebing），首先提出sadism（施加性虐待的快樂）這個詞，為SM現象之浮出揭開序幕。SM是Sadism加上Masochism(接受性虐待的快樂)之後的Sadomasochism的縮寫。

1903年，金一著《女界鐘》一書，鼓吹婦女從事革命，也要求女子脫離奴隸地位，追求六大權利：「入學、交友、營業、掌握財產、出入自由、婚姻自由」。書中有一段話鏗鏘有力：「美人贈我青琅玕，何以報之？──自由平權！」

1905年，頤瑣發表《黃繡球》，寫一舊時代女性受西方思想影響，體悟到中國婦女所受的不平等待遇，起而為婦女改造運動奮鬥的經過。是清末婦女問題小說的代表作。

清末民初林紓翻譯《巴黎茶花女遺事》。

鴛鴦蝴蝶派小說，始於清末，盛於民初，作品多以艷麗美詞，描寫才子佳人「相悅相戀，分拆不開，柳陰花下，像一對蝴蝶，一雙鴛鴦」的纏綿情事，廣受大眾讀者歡迎。以吳趼人《恨海》（1906）為濫觴，徐枕亞《玉梨魂》（1912）為早期代表作，周瘦鵑編的《禮拜六》為主要發表刊物，張恨水（1895~1967）《啼笑因緣》（1929）、包天笑、李涵秋均為代表性作家。

1900年敦煌遺書出土，發現有白居易的弟弟白行簡作的〈天地陰陽交歡大樂賦〉，這篇賦是歌頌皇帝和武則天交合之樂。

清末辜鴻銘提出娶小老婆，如一個茶壺，總要多配幾個茶杯。

1903年，葉德輝（1864~1927）將《醫心方》、《玉房祕訣》、《洞玄子》、《玉房指要》等書中提及的房中術文章，編入《雙梅景闇叢書》出版。

民國元年「暫行新刑律」中，仿照大清刑律，定通姦罪。但開始只科有夫之婦與人通姦之罪，對於有婦之夫與人通姦者，卻不加處罰，後來在1935年加以修正，一直沿用至今。

通姦罪之存廢與否，近年一直成為爭論焦點。贊成者認為對家庭婦女是一種保障，反對者則認為這是家庭婦女對自身權益無法認清的一病因，並且因為通姦罪是告訴乃論，由於當事人往往會放過配偶一馬，只對「第三者」提出告訴，所以反而形成只懲罰到「第三者」的情況。

1912年，蘇曼殊發表（1884~1918）《斷鴻零雁記》，為首部正面描寫僧人戀愛的長篇自傳體小說。蘇雖為僧但無法忘情，著作不豐，但大都以愛情為題材，著重描寫曲折戀情中，戀人內心的矛盾與掙扎，風格清逸憂鬱，開鴛鴦蝴蝶派先河，對當時年輕人影響極大。有「情僧」之稱。

1912年，中華民國建立。

**清**

**1900**　　　　　　　**1905**　　　　　　　**1910**

1900年，佛洛伊德發表《夢的解析》，之後又發表《性學三論》。

1900年，因同性戀性向在倫敦難以容身的英國劇作家王爾德（Oscar Wilde）病逝巴黎。

齊美爾（Gerog Simmel, 1858 - 1918）
德國古典社會學大師，在＜現在和將來的賣淫瑣談＞中提到：賣淫是性成熟的要求同結婚最低年齡的要求相衝突的結果。「所以，隨著文化的不斷成長，肯定會出現對賣淫的日益增長的需求。」

1904年，義大利歌劇作曲家普契尼（Puccini）歌劇《蝴蝶夫人》（Madama Butterfly）在米蘭首演，其他重要作品還有《杜蘭朵公主》（Turandot）。

1905年，俄國發生十月革命。這場革命的領導人列寧，做了這樣的表示：「婚姻和性關係的形式，在其資產階級的意義上，是不能令人滿意的。在婚姻和性關係方面，一場符合於無產階級革命的革命臨近了。無產階級革命對婚姻和兩性關係的條件也會創造出真正革新的基礎。」（右圖為1919年列寧走在紅場上）

艾利希（Paul Ehrlich, 1854~1915）在1905年左右發現了治療梅毒的化學藥品。梅毒由性交而起，又名「浪浪殺手」，自此受到控制，人類放膽做愛的顧忌，少了一個大敵。

1908年，英國小說家愛德華‧佛斯特（Edward Morgan Forster）發表《窗外有藍天》（A Room With a View），其代表作品還有《此情可問天》（Howards End, 1910）及探討男同性戀感情的《莫利斯的情人》（Maurice, 1970）等。以上均曾改拍成電影。

1910年，三八國際婦女節制定。

1911年，法國作曲家拉威爾（Maurice Ravel）以芭蕾舞劇《達芙妮與克羅埃》（Daphnis et Chloe）奠定國際大師的地位。

山額夫人（Margaret Sanger, 1879~1966）早年求學時學過護理，因而結婚當了家庭主婦之後，也以護士為兼職工作。當護士的過程裡，因為眼見自己周近的家庭婦女都為不停的生育，以及低落的生育品質，包括流產、墮胎等等對身心造成嚴重的傷害，因而開始推動避孕的方法，以及節育的觀念。她歷經長期和各種勢力的奮鬥，才在美國打開了避孕與節育觀念及方法之推廣。山額夫人一直到86歲去世時為止，都在為節育的觀念和方法奮鬥。事實上，直到她去世的前一年，1965年，美國最高法院才通過結婚配偶之間的節育是合法的法案。她一生在節育上所投入的心血與遭遇阻力之大，由此可見一斑。避孕藥之問世，山額夫人也有一份功勞。近代女性可以擺脫生育機器的桎梏，享受性愛的快樂，和她關係密切。

Corbis

商務印書館創辦於1915年的《婦女雜誌》，是中國近代第一本婦女雜誌。原先這本雜誌以家庭醫學、婦幼保健、家事整理等女學內容為主。1925年1月，《婦女雜誌》主編章錫琛，把第11卷第1號辦成「新性道德專號」，招來新舊衛道人士的猛烈攻擊，被迫停職。後來章錫琛另辦《新女性》（1926~1929），繼續號召為爭取女性的獨立自由而奮鬥。章錫琛是最早把女性主義引進中國的人之一，不過當時他們所倡導的Feminism，譯為「弗彌涅士姆」。

1915年，陳獨秀創辦《新青年》雜誌，新文化運動興起。次年，陳獨秀在《新青年》上發表一篇文章〈一九一六年〉，主張女子要從被征服者的地位改為征服者的地位，並對儒家舊式三綱的觀念提出挑戰，為女權革命點燃了星星之火。後來《新青年》上對女權的討論越來越多，終於到五四的時候結合出爆炸性的影響。（右圖為陳獨秀）

1918年5月，周作人在《新青年》上翻譯發表日本與謝野晶子所寫的〈貞操論〉。文中所言「我對於貞操，不當他是道德，只是一種趣味，一種信仰，一種潔癖」，在當時的社會裡掀起軒然大波。

9月，胡適之在《新青年》發表〈美國的婦人〉一文，呼籲中國的女人應該發展一種「超於良妻賢母的人生觀」，換句話說，也就是「自立」的觀念。

1919年，五四運動爆發，與新文化運動結合，為中國社會開拓了新的空間與活力。擁護民主與科學，反對傳統封建思想，主張揚棄舊禮法、舊政治、舊倫理等，為廣大青年學生進行了一次深刻的思想啟蒙與洗滌，當然也包括了對感情及婚姻的挑戰；國外性學理論（如佛洛伊德等）的引入，也同時引發中國對性問題的重新思考。民氣日開，情慾的激流因此銳不可當。女性作家如凌叔華、盧隱、白薇、丁玲、馮沅君等，無不勇於書寫自我的挫折、對感情的試探與困惑，及對未來的憧憬等掙脫桎梏後的思考，允為女性主義的先河。男性作家則有如茅盾者，精擅描摹兩性間錯綜糾輵的複雜關係，或如沈從文在湘西系列作品寫的戀愛，更有將憂鬱、懺情、虐待冶於一爐成情慾寫作之最的郁達夫。

1922年，美國倡導節育的山額夫人（Margaret Sanger）來亞洲。在日本先是遭到抵制，後來轉來中國，在北京大學演講，由胡適擔任翻譯，中國人第一次在大庭廣眾前聽講性的事情，以及精蟲與卵子結合的道理，轟動一時。

郁達夫（1896~1945）《沉淪》（1922）以日記體散文訴寫對愛情的企盼、對自慰的懺悔，以及酒醒後的悲哀，間此窺浴、偷聽、尋芳等情節，展現驚世駭俗的大膽自剖。

1922年，徐志摩（1895~1931）自劍橋返國，登報與結縭七年的髮妻張幼儀離婚，為中國現代史上第一宗離婚案件。1926年，與陸小曼結婚。1931年，飛機失事身亡。

1920年，劉半農（1891~1934）發表詩作〈教我如何不想她〉（1920），後來並由趙元任譜曲，成為膾炙人口名曲。

1918年，李叔同看破紅塵出家，法號弘一。

1915年，宋慶齡不顧家庭反對，與孫文結婚。

**1915**　　　　　　　　　　　　　　**1920**　　　　　　　　　　　　　　**1925**

1912年，德國小說家湯馬斯·曼（Thomas Mann）發表小說《魂斷威尼斯》（Der Tod in Venedig），作品深受叔本華悲觀哲學與華格納浪漫音樂的影響。於1971年由義大利導演維斯康提（Luchino Visconti）執導搬上銀幕。

1913年，法國文豪普魯斯特（Marcel Proust）發表巨作《追憶似水年華》（A la Recherche du Temps Perdu）第一部。

1914年，第一次世界大戰爆發。
20世紀前的歐洲，因為褲子是剛毅和男性的象徵，所以女人只能穿裙子，不能穿褲子。如果女人也穿褲子，男人就會懲罰她。直到1910年以前，即便在時裝王國法國，只有身分很特殊的女子，才敢在騎馬等運動場合冒著風險穿褲子。
1911年，法國一位設計師的妻子，身穿穆林長褲出現在「一千零一夜」夜總會的舞臺裏，轟動一時；著名的赫密士（Herme's）商店也開始出售高爾夫球褲和滑雪褲，長褲之風漸露端倪。
第一次世界大戰爆發之後，男人都上了前線，就像十字軍東征時所造的影響一樣，歐洲的女人再度因為男人出外作戰，而擔負起更多的工作與角色，並且這次還開始走出家庭。女人去工廠接任男人的工作，長褲成為方便而實用的衣著。另一方面，像香奈兒（Chanel）這樣的設計師，率先提出極簡的服裝，主張女人可以自己穿衣，便於活動。香奈兒從男裝擷取靈感，設計出女人穿著寬鬆直筒線條的褲子，和充滿活力的短髮造型，成為女性追求的新形象。
第一次世界大戰結束後，歐洲女性走回家庭，重拾裙褲之分。褲子對西方女人的流行，還是要等30年代美國好萊塢的影響，以及二次大戰結束後，才全面展開。（右圖為1915年一次大戰中的一所荷蘭醫院）

1918年，第一次世界大戰結束。
第一部泰山與珍的電影《人猿泰山》（Tarzen the Ape Man）。

1920年，第一家商用廣播電台在美問世。
美國女作家艾迪詩·華頓（Edith Wharton）發表小說《純真年代》（The Age of Innocence）。

1925年，第一部改編自法國作家卡斯頓·勒盧（Gaston Leroux）通俗小說《歌劇魅影》（Le Phantom de L'Opera）的電影上映，此後多次改編為電影及舞台劇，但最著名的還是韋伯（Andrew Lloyd Webber）1986年的音樂劇。

進入二十世紀，先是有即溶咖啡在世紀初發明，接著在30年代美國公司發明保麗龍（Foamed polystyrene），促使「用過即丟」的產品大行其道。「用過即丟」的概念，自此也逐漸進入性愛的體系。

Corbis

1926年，魯迅（1881~1936）出版《彷徨》，收入〈祝福〉、〈離婚〉等短篇，為農村婦女在封建禮教「吃人」下的悲劇性命運，進行有力的控訴。

1927年，茅盾 (1896~1981) 創作《蝕》三部曲。同年，丁玲（1907~1986）發表〈莎菲女士的日記〉，探討靈與肉的衝突，對女性心理有大膽描寫與剖析。

1928年，歐陽予倩（1889~1962）推出劇作《潘金蓮》，推翻潘金蓮的蕩婦形象，視她為父權社會下爭取女性情慾自主的犧牲品。將劇場化為公堂，透過潘對台下觀眾的痛訴，凸顯傳統的不公不義。同年，白薇（1894~1987）推出劇作《打出幽靈塔》，透過強姦、亂倫、謀殺等驚動情節，批判傳統社會對女性的輕賤與壓抑。

田漢（1898~1968）劇作《獲虎之夜》。

張競生（1889~1970）大力推動性學，反對傳統觀念對婦女的壓迫，主張婚姻／性交自由，力倡性解放，試圖將現代西方的兩性觀念介紹到中國。1926年出版《性史》提倡性科學與性教育，更是造成極大震撼，出版數月即遭查禁；所經營「美的書店」，出版有《性育小叢書》等書，均在當時引起轟動效應。以中國性學第一人聞名。

1931年，巴金（1904~）發表《家》，1936年出版「愛情三部曲」──《霧》、《雨》、《電》。

30年代新感覺派興起，劉吶鷗（1905~1940）、施蟄存（1905~）、穆時英（1912~1940）等人將現代主義創作方法引進小說領域。其中施蟄存擅長刻畫女性心理，細緻婉約的文字下，常隱伏一股壓抑的情慾暗流，呼之欲出，〈石秀〉、〈鳩摩羅什〉最具代表性；劉吶鷗善於描述兩性微妙的互動，透過城市輪廓的勾勒，烘托出富有異國風情的尤物，不具感像的將男人玩弄於股掌間；穆時英作品寫酒吧飯店舞廳等都市風情，刻畫歡場切片入微，代表作有《上海的狐步舞》、《白金的女體塑像》、《公墓》。

1929年，張恨水（1895~1967）發表《啼笑因緣》，融合言情小說與俠義劇情，描述都市男女恩怨情仇，一時風靡全國，並曾改編為戲劇、彈詞及電影，是鴛鴦蝴蝶派的典型代表作。張另有《春明外史》（1924）、《金粉世家》（1927）等著作。

| 1926 | 1931 | 1936 |

1926年，海明威（Ernest Hemingway）發表小說《旭日又東升》（The Sun Also Rises），之後3年再發表《戰地春夢》（A Farewell to Arms）。《戰地春夢》是以少年海明威在戰爭期間一段刻骨銘心的戀情為藍本而寫就，故事的男女主角就是當年18歲的海明威以及他在戰場上邂逅的26歲護士愛格妮絲‧范‧庫洛斯基（Agnes von Kurowsky）。小說主角的身分原本成謎，直到1961年海明威自殺身亡，其弟撰文追悼時才揭露烽火佳人凱薩琳‧巴克利（Catherine Barkley）的真實身分，而1971年《海明威的第一次大戰》（Hemingway's First War）一書出版，作者更採訪庫洛斯基本人，將往事始末公諸於世。1997年改編為電影《永遠愛你》（In Love and War）。

1928年，英國小說家勞倫斯（D. H. Lawrence）出版《查泰萊夫人的情人》（Lady Chatterley's Lover）。勞倫斯在另一部作品《三色菫》中提到：「一種愛因為被理想化，成為精神和意識的課題，所以愛就失去了平衡，達到一種混沌。而我們在現代必須認真考慮肉體或肉慾的獨立的性愛。」

1928年，英國小說家吳爾芙（Virginia Woolf）發表《美麗佳人歐蘭朵》（Orlando），是探討雌雄同體的小說，並將本書提獻給她的同性情人。小說被多次改編為電影。其他重要著作還有《自己的房間》（A Room of One's Own, 1929），是針對女性解放議題的大膽之作，也是女性主義文學必讀之書。同年，英國女作家瑞克里芙‧荷爾（Radclyffe Hall）出版女同性戀小說《寂寞之井》（The Well of Loneliness），描述一對女同性戀侶試圖被社會所接受的掙扎故事，是第一本譴責同性戀者受到不公平待遇的小說，荷爾因本書的出版三度被起訴。

1929年，全球經濟大蕭條。

1930年代，蘇聯與納粹都進行性的反革命。美國則開始出現在汽車裡觀賞的戶外電影，從此男女談情說愛的場所又增加了一處。

1931年，德國電影《三便士歌劇》（Die Dreigroschenoper），由德國劇作家貝托‧布萊希特（Bertolt Brecht）的同名舞台劇改編，敘述一名殺人不眨眼的強盜愛上乞丐之女的故事。

1934年，美國小說家費茲傑羅（F. Scott Fitzgerald）出版《夜未央》（Tender is the Night），其他重要著作還有《大亨小傳》（The Great Gatsby）。

1935年，日本小說家川端康成出版《雪國》，是以虛無為基調的愛情小說。

We Can Do It!
Corbis

1937年，日本入侵中國，德國入侵波蘭，第二次世界大戰爆發。二次大戰期間，美國婦女全面進入社會，加入各種生產線、工作場合，為日後的女權運動，以及婦女的全面解放播下了種子。（上圖為美國政府鼓勵婦女走出家庭、進入社會的宣傳海報。）

1945年，美國在日本投下原子彈，日本向盟軍投降，二次大戰結束。戰爭結束後，前線的丈夫、情人來歸，造成之後的嬰兒潮。

1938年，英國女作家達芙妮‧杜‧莫里埃（Daphne Du Maurier）出版懸疑愛情小說《蝴蝶夢》（Rebecca），1940年由希區考克（Alfred Hitchcock）搬上銀幕。

張愛玲（1921~1995），以凌厲細膩的筆下功夫，崛起於40年代的上海，她是寫實主義的高手，人情世路、庸俗生活的細微末節，到她筆下無不化為神奇。處理亂世兒女浮沉徵逐的情愛，沒有熱情青春與幻想，只有看透路數後悵惘然的冷淡與蒼涼。1943年發表《傾城之戀》，1944年在上海出版首部短篇集《傳奇》，同年與胡蘭成結婚。作品有《赤地之戀》、《流言》、《怨女》、《半生緣》、《張看》、《第一爐香》、《惘然記》。電影《傾城之戀》、《紅玫瑰與白玫瑰》、《怨女》等均為其小說改編而成。

1934年，沈從文（1902~1988）出版《邊城》，以內斂清淡風格，書寫禮教大防下的激情潛流。

1933年，老舍（1899~1966）出版長篇《離婚》，諷刺婚姻的現實。1937年發表長篇《駱駝祥子》。

1932年，郁達夫初識王映霞，一見傾心，在日記中寫道：「到了這樣的年紀，還會像初戀期一樣的心神恍惚。」
同年，台灣作家鍾理和（1915~1960）初遇鍾平妹，即為之傾倒，長跑8年仍無法克服宗族同姓不婚的干預與阻撓，1940年被迫離鄉遠赴瀋陽共組家庭。1959年出版《原鄉人》。1980年由李行導演拍成同名電影。

1949年，中華人民共和國成立。

1947年，台灣二二八事件。

1945年，中國對日8年抗戰勝利。

1944，錢鍾書寫《圍城》。婚姻像「圍城」，「城外的人想衝進去，城裡的人想衝出來」就成了流行的名言了。

1943年，路翎（1923~1994）出版《饑餓的郭素娥》，描述礦區男女放任躁鬱無所安頓的愛欲所導致的罪與罰。饑餓的隱喻也同時指向性的需求及救贖的渴望。

**1941**        **1946**        **1951**

1936年，英國國王愛德華八世（King Edward VIII）即位。由於英國皇室不同意他迎娶結過婚的美國女子華莉斯·華菲爾（Wallis Warfield），他於同年底毅然放棄英國王位，讓位給他的弟弟，成為英國歷史上唯一一位自願遜位的國王，此後僅保有溫莎公爵（Duke Windsor）的頭銜。他於退位次年結婚，與華菲爾定居法國巴黎，兩人廝守終身，死後合葬於英國溫莎城堡。（右圖為他簽署遜位的文件。）

Corbis

1939年，電影《亂世佳人》（Gone with the Wind）是美國南北戰爭時期的愛情史詩電影。電影改編自瑪格麗特·米契爾（Margaret Mitchell）獲1937年普立茲獎的同名小說。

1940年，費雯麗主演電影《魂斷藍橋》（Waterloo Bridge）。

1943年，電影《北非諜影》（Casablanca）。

1946年，冷戰開始，同年，比基尼泳裝出現。

1944年，格拉夫伯格（Ernst Grafenberg）首次描述了女性陰道內有一個性敏感區域，要到1983年，這個區域才正式以他氏的第一個字母命名為G點。
1947年，金賽博士（Alfred C. Kinsey），創立了金賽研究機構（The Kinsey Institute），開始了他的性學研究之旅。

1947年，西蒙·波娃赴美遊歷時結識了美國作家尼爾森·艾格林（Nelson Algren），兩人一見鍾情，波娃回法後，兩人通信長達17年，該書信集《越洋情書》於1997年首度於法國出版。1949年，西蒙·波娃出版《第二性》，被稱為「女性主義之母」。她與存在主義哲學家沙特維持終身伴侶關係，並未結婚，也沒有子女。

1949年，日本小說家三島由紀夫發表《假面的告白》，被三島本人稱為他的第一本「私小說」，是一本半自傳式的小說。他在本書中試圖找到對死亡偏好的根源，結果卻發掘了自己的同性戀傾向，在當時的日本是極大膽的寫作，並奠定了所謂的「三島美學」。其他與愛情有關的重要作品有《潮騷》、《禁色》、《愛的饑渴》、《豐饒之海》等。

1950年，韓戰爆發，同年，迪士尼動畫電影《仙履奇緣》（Cinderella）上映。

1951年，英國小說家格雷安·葛林（Graham Greene）發表小說《愛情的盡頭》（The End of the Affair）。

1951年，翟若適（Carl Djerassi）發明口服避孕藥，真正商業化上市，則是1960年的事。口服避孕藥不但對日後人口爆炸的控制發揮了重大作用，尤其將女性從生育機器的角色中解放出來，使女性得以對自己的性愛生活擁有主導權利，也進一步影響了1960年代性解放運動的形成。

1960年代，台灣的流行歌曲中產生了許多流傳至今的愛情名曲。國語歌曲有〈綠島小夜曲〉、〈何日君再來〉、〈夜來香〉、〈不了情〉、〈淚的小花〉等，台語歌曲有〈思慕的人〉、〈三聲無奈〉、〈淡水暮色〉、〈溫泉鄉的吉他〉、〈素蘭小姐〉、〈台北發的尾班車〉等。

1959年，黃梅調電影《江山美人》，描述風流皇帝與民間女的一段戀情。

1958年，王藍出版長篇《藍與黑》，寫亂世男女顛沛的愛情。

1957年，金庸《射鵰英雄傳》在《香港商報》開始連載，與後來在《明報》連載的《神鵰俠侶》及《倚天屠龍記》合稱「射鵰三部曲」，創造了郭靖與黃蓉、楊過和小龍女等武俠世界中最著名的愛侶。

1956年，台北市兩名女子著短衣短褲上街，被依妨害風化罪罰金30元。

1952年，台灣成立救國團，原以青年戰鬥訓練為主，後增加許多遊山玩水及藝文項目，逐漸演變成青年育樂活動。

50年代，大陸人民衛生出版社出版日本古代漢醫學名著《醫心方》，因收錄部分房中術內容，全國婦聯提出抗議，要求刪除。

中共建政後，禁娼是首要事情之一。1949年11月，北京市一夜封閉224家妓院。其後，天津、上海相繼禁娼。次年，大陸第一部婚姻法頒布實施。
節制生育，一直是中共的重大課題。1955年中共中央就決定實行節育政策，但1957年馬寅初發表《新人口論》，卻遭到嚴厲批判。1962年重新強調計劃生育，但要到1979年才為馬寅初及《新人口論》正式平反。

1962年，郭良蕙出版《心鎖》。書裡激情的場面和一些不合傳統倫理的情節，使這本書被禁。到1980年代後半這本書終於可以再度出版之前，《心鎖》一直是台灣愛情與性愛開放尺度的一個標的。

1961年，姜貴《重陽》書寫變態的情欲。

1961年，台灣電檢處表示，國片因應劇情需要可有擁吻鏡頭。

1961年，荷蘭漢學家Robert Hans Van Gulik精通十幾種文字，尤其熱愛中國文化。中文名字高羅佩，字忘笑，號芝臺，為自己的書房取名猶存齋、尊明閣。對於中國的棋琴書畫，樣樣在行，行書、草書皆精。他除了寫作有「中國的福爾摩斯」之稱的《狄公案》之外，還以收集中國春宮畫、房中書，研究性學而享盛名。1961年出版《中國古代房內考》，開研究中國性學風氣之先，是系統整理中國房中書的全世界第一人。另有《祕戲圖考：中國彩印春宮版畫》一書。

1960年，台灣第一屆中國小姐選拔。

相對於台灣社會在1960年代對愛情、性愛擺盪於開放與遮掩之間，大陸則繼續50年代的政治氣氛，在1966年進一步爆發文化大革命。對於愛情與性愛，持續封閉。

1959年，中共中央提出反對人性論和人道主義，並提出批判十九世紀歐洲文學作品。

**1952**

**1961**

1952年，金·凱利（Gene Kelly）與琴·海根（Jean Hagen）合作演出《萬花嬉春》（Singing in the Rain），堪稱米高梅有史以來最成功的歌舞電影，金·凱利演唱的〈Singing in the Rain〉至今仍是最受歡迎的懷念老歌之一。

1953年，奧黛莉·赫本（Audrey Hepburn）在電影《羅馬假期》（Roman Holiday）中演出，在世界各地女性中掀起一股「赫本頭」旋風。

1954年，越戰開始。

1955年，美國性感女神瑪麗蓮·夢露（Marilyn Monroe）以喜劇電影《七年之癢》（The Seven Year Itch）成為全球男性幻想的對象。

1956年，蘇聯作家波利斯·巴斯特納克（Boris Pasternak）將小說巨著《齊瓦哥醫生》（Doctor Zhivago）偷渡至米蘭發表。

1950年代起，以美國貓王艾維斯·普利斯萊（Elvis Presley）為濫觴，西方世界流行音樂結合情歌，席捲全球。貓王於1956年成為全球少女的性感偶像，此後十年間愧坐搖滾歌王寶座，且在鄉村樂、搖滾樂及藍調音樂等三個領域都有極佳表現。此外，這個時期的〈Smoke Gets In Your Eyes〉、〈The End of the World〉、〈A Dear John Letter〉、〈Sealed With a Kiss〉等，都是流傳至今的愛情名歌。

1957年，指揮家伯恩斯坦（Leonard Bernstein）譜寫音樂劇《西城故事》。同年，蘇聯反戰愛情悲劇電影《雁南飛》（Letjat Schurawli）。

1958年，法國導演路易·馬盧執導《孽戀》（Les Amants）。

1959年，法國小說家莒哈絲（Marguerite Duras）撰寫電影劇本《廣島之戀》（Hiroshima Mon Amour），其近意識流的時空交錯手法備受各界矚目。1984年的小說《情人》（L'Amant）亦被改編為同名電影。

1960年，電影《蘇絲黃的世界》（The World of Suzie Wong）。

1960年代，英國設計師瑪麗·關特（Mary Quant）設計了迷你裙以及熱褲，成了全球女性最熱門的穿著。女性美麗的腿部曲線得以盡情展露，又為愛情的薪火增添了新的火花。

1961年，東德築起柏林圍牆。奧黛莉·赫本演出改編自楚門·卡波提（Truman Capote）同名小說的電影《第凡內早餐》。同年電影《天涯何處無芳草》（SPLENDOR IN THE GRASS）。

1962年，古巴飛彈危機。
英國女作家朵莉絲·萊辛（Doris Lessing）出版女性主義文學重要作品《金色筆記》（The Golden Notebook）。同年，由史恩·康納萊（Sean Connery）主演的第一部007影片上映，奠定了此後龐德（James Pond）身邊必有龐德女郎的定例。
法國導演楚浮（Francois Truffaut）將魯契（Henri-Pierre Roche）的小說《夏日之戀》（Jules et Jim）搬上銀幕，為法國影壇經典之作。
美國黑人歌手雷·查爾斯（Ray Charles）演唱〈I Can't Stop Loving You〉及〈You Are My Sunshine〉。

1964年，史托勒（Robert Stoller）出版《Sex and Gender》，指出Sex是先天的，但是Gender卻是受後天影響的。

1965年，電影《真善美》（The Sound of Music）在美首映。

1968年，台灣禁止在茶室、咖啡館等公共場所接吻、擁抱。
台灣實施九年國民義務教育。

1967年，鹿橋的《未央歌》在台灣出版，此後一直成為校園青年讀者的最愛。

1964年，大陸第一顆原子彈試爆成功。台灣衛生署推廣「樂普」避孕。影星林黛在香港自殺身亡。

1963年，電影《梁山伯與祝英台》在台上映，造成轟動，賣座破台灣影壇紀錄。凌波訪台，萬人空巷。

1963年，瓊瑤出版第一部小說《窗外》。往後近30年間，相繼推出《六個夢》、《煙雨濛濛》、《幾度夕陽紅》、《彩雲飛》、《庭院深深》、《碧雲天》等約50部作品，為60~80年代最暢銷的作家之一。瓊瑤擅長以美文刻畫悲歡離合、蝕骨銘心的浪漫愛情故事，廣受年輕女性的喜愛，是台灣言情小說代表性作家。她對大眾文化影響之深，足稱當時台灣社會鮮明圖騰。1965年作品《婉君表妹》首度搬上銀幕。此後瓊瑤電影當紅近20年，與古龍武俠電影各占台灣影壇半壁江山。1968年自組電影公司，《月滿西樓》為創業作。1973年宋存壽發掘秦漢、林青霞，合拍瓊瑤電影《窗外》。此後瓊瑤的原著，加上兩秦兩林的演員組合，長期被視為台灣社會的愛情象徵來解讀。1983 年瓊瑤電影《昨夜之燈》上映之後，轉變方向以《幾度夕陽紅》搬上華視八點檔，往後在螢光幕上的發展亦無往不利。（右圖為1980年代瓊瑤電視劇劇照）

怡人傳播提供

1970年代，除了〈往事只能回味〉、〈情人的黃襯衫〉、〈明日天涯〉、〈彩雲飛〉、〈心有千千結〉、〈在水一方〉之類流行歌曲，1977年校園民歌開始崛起，〈抉擇〉、〈你那好冷的小手〉等清流也延續至80年代。

1979年，台灣開放出國觀光。同年「美麗島事件」。

1977年，台灣菸酒公賣局在外界批評下，決定不製售女用香菸。

1976年，三毛出版《雨季不再來》、《撒哈拉的故事》，開始三毛熱潮。

1975年，台灣購進2台保險套販賣機，1元可買3個。楊弦舉辦民歌演唱會，揭開校園民歌序幕。

1973年，林懷民雲門舞集首次公演。台灣流行穿露背裝。

1972年，大陸作家靳凡 (劉青峰) 創作《公開的情書》，先於地下流傳，1980年連載於《十月》雜誌，廣受熱烈歡迎，被視為文革後新浪漫主義力作。

1971年，台灣推行「兩個孩子恰恰好」的家庭計畫。

1969年，台灣自殺防治中心「生命線」啟動。
台灣牯嶺街舊書攤查獲6,000餘冊黃色書刊及33,000餘張色情圖片。中視播出《晶晶》連續劇。連續劇的熱潮從此開啓。

**1970**　　　　　　　　　　　　　　　　　　　　　　**1979**

1964年，英國搖滾合唱團《披頭四》(The Beatles) 以〈I Want to Hold Your Hand〉在美國引發「披頭熱」(Beatlemania)，在整個60年代紅遍全球。
1968年，全球反戰運動、嬉皮主義達到最高潮。伴隨著嬉皮主義，還有大麻及迷幻藥的流行。披頭四的名曲 (Lucy in the Sky with the Diamonds) 就暗指當時最流行的迷幻藥LSD。伴隨著的，是西方一次性的解放。（右圖為約翰·藍儂）

Corbis

1967年，電影《畢業生》上映，達斯汀·霍夫曼在本片中演出與女友之母發生不倫關係的大學生。同年，美國The Doors搖滾合唱團發行第一張同名專輯，以〈Light My Fire〉強烈且淫蕩的性慾主題在美一炮而紅。

1969年，美國太空人登陸月球。同年，近50萬人群集在紐約烏士塔 (Woodstock) 附近，參加為期四天充滿搖滾樂和迷幻藥的狂歡派會。

1969年，西班牙歌手胡立歐 (Julio Iglesias) 開始發行個人專輯，此後以熱情歡快的拉丁情歌紅遍全球，有「拉丁情人」的美譽。

1970，改編自西格爾 (Erich Segal) 暢銷小說的電影《愛的故事》(Love Story) 在全球造成轟動。

1973年，美國歌手羅貝塔·傅萊克 (Roberta Flack) 演唱〈Killing Me Softly with His Song〉，同年，第一次石油危機。

1975年，越共攻陷西貢，越戰結束，同年，美國歌手保羅·安卡 (Paul Anka) 演唱〈I Don't Like to Sleep Alone〉。

1976年，德國作家徐四金 (Patrick Suskind) 發表小說《香水》(Das Parfum)，對故事主角來說，每一次的謀殺都是戀愛。

1976年，女性主義者海蒂 (Shere Hite) 出版了《海蒂報告》(The Hite Report)。同年，傅柯 (Michel Foucault, 1926-1984) 出版《性意識史》(The History of Sexuality) 第一卷，至1984年出第三卷。

1978年，英國第一個試管嬰兒誕生。

1979年，先進國家首位女首相英國柴契爾夫人上任。

1971年，ARPANET 開始傳送電子郵件（email），不過，電子情書的流行，還要再等一段時間。

1984年，蕭颯發表《小鎮醫生的愛情》，同年，麥當勞登陸台灣。

1983年，廖輝英發表《不歸路》，外遇愛情成了媒體報導的焦點。台灣新電影崛起。

1982年，台灣首宗女變男變性手術。同年台灣推動家庭計畫，引進狄波長期避孕劑，並提供人工流產服務。魯迅長孫周令飛為了愛情投奔台灣，與女友張純華結婚。台視推出《我愛紅娘》節目；中視播港劇《楚留香》，風靡一時。

1980年，國語歌曲〈恰似你的溫柔〉推出，開啓了新一代的情歌風格。〈是否〉、〈牽引〉、〈請跟我來〉、〈天天天藍〉、〈心情〉、〈你知道我在等你嗎？〉、〈其實你不懂我的心〉等，紅極一時，並與同時興起的卡拉OK熱潮相呼應。1989年，陳淑樺的〈夢醒時分〉。

1980年代，台灣進入婦運蓬勃期。許多大事都可看出女性意識與權益的提高。譬如1982年修訂民法，子女得從母姓。1985年修訂民法，將法定夫妻財產制從非明文規訂都認定為丈夫所有，改為聯合財產制。同年，行政院通過優生保健法施行細則，人工流產合法化。這一年，台灣未婚媽媽遽增，多出日本4倍，居亞洲之冠。1986年廢止票據法。長期以來，許多台灣婦女充當丈夫支票人頭，而因票據法吃上牢飯。自票據法廢止，間接改善了婦女的處境。
同時，1980年代也是台灣性解放的年代。其中最主要的是呼應日本Love Hotel的興起，標榜「休息」的賓館大行其道，後來再演化為各種汽車旅館等。「休息」賓館的出現，為戀愛男女、色情行業提供了充分的「場合」。另外，色情業也大舉走入咖啡廳等都市的公開場合，號稱吸引許多兼差從事色情的婦女，可以說是第一階段「援助交際」的時代。

1981年，電影《苦戀》遭到中共批判，認為它提倡「絕對自由」。

1990年代，台灣的同性戀開始公開化。1990年第一個女同性戀團體「我們之間」成立。次年，台灣第一對女同性戀伴侶，在雙方家長祝福下，設置以公開儀式結婚。其後，1996年，男同志許佑生及葛芮公開婚禮，引起媒體廣泛報導。
呼應著這個趨勢，同志文學創下新高峰：李碧華《青蛇》、《霸王別姬》分述女、男同性情慾；朱天文《荒人手記》擬男聲寫同志的原罪與救贖；董啓章《安卓珍尼》涉及雌雄同體等另類話題；邱妙津《鱷魚手記》、《蒙馬特遺書》寫女同志之苦，甚至決絕以自己的生命作見證；黃碧雲《她是女子，我也是女子》冷筆寫女同志心事；被稱為酷兒文學絕代雙驕的洪凌與紀大偉，以開拓想像的實驗性文字，凝造酷異的未來同志世界；吳繼文《世紀末少年愛讀本》以《品花寶鑑》為本，辯證色相與空無，敷衍出情愛終成空的結論；林俊穎婉約的男性同戀敘述；陳雪《惡女書》；郭強生、林裕翼等人皆有相關作品。

1989年，台灣股市衝破萬點大關。大陸提出「掃黃」，各地出版管理機構成立「掃黃辦公室」。天安門事件。

1988年，台灣解除報禁。同年，台視播出首部由國人自製的性教育影片《人之初》。

1987年，台澎地區解嚴，開放大陸探親。同年，台灣地區人口總數突破2千萬。這一年還發生的大事有：教育部宣布解除髮禁，屏風劇團演出《婚前性行為》。

1986年，白先勇（1937~）出版長篇《孽子》，描寫社會倫理規範下的男同志所受的愛欲煎熬。同年，張曼娟出版《海水正藍》。

1985年，卡拉OK開始在台灣流行。成為男女相會、爆出火花的新場地。之後MTV在台出現，再接下來進入90年代後，MTV與卡拉OK結合，在台灣成為獨樹一幟的KTV文化。配合著KTV的盛行，情歌再度站上高峰。〈哭砂〉、〈讓我歡喜讓我憂〉、〈愛上一個不回家的人〉等均為熱門情歌。

1985年，台灣發現首宗男性愛滋病患者。1986年衛生署證實，同年去世。
1985年，李昂發表《暗夜》。

**1980**          **1984**          **1988**

進入1970年代後半，愛情與性的放浪者開始遭到打擊。先是皰疹成為全球流行的性病，因而產生一句名言：「愛情是短暫的，皰疹是永恆的。」再緊接是AIDS這個所謂「愛情黑死病」的出現。AIDS最早在1979年發現病例，1981年獲得確認，1984年發現了病毒。

Corbis

1981年，英國王儲查爾斯（Prince Charles）與黛安娜（Diana Spencer）在倫敦聖保羅大教堂舉行婚禮，全球共有超過7億5千萬名觀眾透過電視轉播觀禮。之後，於1992年分居，1995年黛安娜公開承認已另結新歡，王子與公主的幸福童話正式宣告破裂。1996年以黛安娜保有威爾斯王妃頭銜為條件，兩人正式離婚。1997年黛安娜與男友在法國巴黎遭狗仔隊飛車追逐不幸車禍死亡，震驚全球。英國皇室為黛妃在西敏寺教堂舉行盛大喪禮，白金漢宮並降半旗表示哀悼。

1981年，美國作家瑞蒙·卡佛（Raymond Carver）出版《當我們討論愛情》（What We Talk About When We Talk About Love），為14個短篇故事的集結。

1984年，捷克小說家米蘭·昆德拉（Milan Kundera）最著名的小說《生命中不能承受之輕》（The Unbearable Lightness of Being）出版。愛情一向是昆德拉作品中的重要課題。

1985年，南極上空發現臭氧層破洞。同年，秘魯女作家伊莎貝·阿言德（Isabel Allende）發表第一部小說《精靈之屋》（La Casa de los Espiritus）。
哥倫比亞作家加西亞·馬奎斯（Garcia Marquez）發表小說《愛在瘟疫蔓延時》（El Amor en los Tiempos del Colera），改以傳統寫實義書寫，以拉丁美洲千日戰爭時期為歷史背景，描寫一段長達50多年的愛情故事，在拉丁美洲有「愛情戰鬥史」之稱。
奧地利搖滾歌手法爾可（Falco）以變態男子謀殺女友的歌曲〈Jeanny〉大為走紅。
法國研發出RU486，以口服藥達到墮胎的目的，可說是墮胎技術上的一大突破，但也引發諸多爭議。

搖頭丸（MDMA，又稱快樂丸）原來是英國莫克公司（Merck）在1912年發展一種具有收斂血管作用的止血劑時，所產生的一種副產品，但這家公司從未以任何用途註冊上市。因為少量的MDMA具有使人比較鎮靜、自信，並且容易同理他人，到70年代後期及80年代時，MDMA曾經為心理治療者所使用，作為協助個案放鬆並順利進入療程的輔助品。進入1980年代後期，隨著銳舞（Rave）的流行，搖頭丸開始在全球各地為年輕人所濫用。MDMA在大量使用時，會造成生理與心理的耽溺與傷害，因而大部分國家為了免除搖頭丸的進一步氾濫，都以毒品，或具危險性、無醫療用途的管制藥品來看待。

1987年，日本作家村上春樹發表長篇愛情小說《挪威的森林》。

香港電影導演王家衛，擅長滲透處理如迷戀、疏離、逃避、壓抑等情感百態，《重慶森林》（1994）、《春光乍洩》（1997）、《花樣年華》（2000）為代表作。

1994年，台灣「女書店」開幕，以女性主義相關書刊為主。同年，蘇偉貞《沉默之島》寫女性情欲之旅；平路《行道天涯》寫國母的戀愛紀事，和朱天文寫同性戀的《荒人手記》，三作被視為當代台灣情欲創作的重要指標。何春蕤《豪爽女人》也在這年出版。

1993年，李安導演《囍宴》，以寬容的態度處理中西文化及價值觀衝突下的同性戀課題。泡沫紅茶店，也在這一年開始盛行。

1980年代起，中共開始逐漸開放經濟。1986年起，因經濟開始開放，廣東等地農村重婚、納妾激增。1987年，中共提出反對「資產階級自由化」，對性愛問題的研究受到控制。2001年，大陸婚姻法修正，包二奶及二奶，都將面臨有關「重婚罪」的懲處。

1991年，日本偶像劇《東京愛情故事》在台播映時掀起一股「純愛物語」旋風，從此吹起年輕一代的哈日偶像劇風潮。同年播出的日劇《101次求婚》更使由「恰克與飛鳥」演唱的主題曲〈Say Yes〉紅遍東亞大街小巷。

1991年，台灣宣布終止「動員戡亂時期」。

2002年，「兩岸計畫生育及性教育推廣」座談指出：台灣近年來新生兒男女比多達一○八或一○九比一百，比正常一○五比一百明顯高出許多。而大陸部份有資料顯示，這個數字高達一一六比一百。

2001年，台灣歌手唱起〈愛你愛到死〉，香港歌手唱起〈戀愛大過天〉，對年輕男女來說，愛情已經是他們唯一關切的議題。璩美鳳事件，從台灣引爆整個華文世界的偷窺話題。

2000年，李安執導由王度廬原著武俠小說所改編的電影《臥虎藏龍》，敘述江湖中人的恩怨糾葛及戀情。

Corbis

1995年，網路熱開始在台灣發燒，一夜情蔚然成風。1988年《神啊，請多給我一點時間》從日本紅到台灣。劇中援助交際的女主角，成為熱門話題，對接下來年輕世代產生「援交」的熱潮有相當的影響。
網路、一夜情、援交，這三者互相混合著發生化學作用，帶領台灣進入另一個階段的性開放。和1980年代的第一次性解放不同的是，這一次的範圍更廣泛，參與者的年齡，則更大幅降低。

1998年，網路小說《第一次親密接觸》，從網路紅到實體世界。從台灣紅到大陸。90年代後期，搖頭丸等迷幻藥物在台灣開始流行，更加速了一些變化。

1996年，大陸作家王安憶出版《長恨歌》。大陸作家莫言出版《豐乳肥臀》。

1995年，張愛玲逝於洛杉磯寓所。同年，台大女生宿舍放映A片，並舉行討論會，引起爭議。

---

**1992**        **1996**        **2000**

---

1988年，瑞典首開世界先例，通過立法，給同性戀伴侶包括納稅、繼承及其他相關福利。其後2年，1990年丹麥通過《同性戀法》，同性戀者可以結婚，並享有一般男女夫婦一樣的權利。

1989年，婚姻關係中的謊言、背叛與性壓抑：電影《性、謊言、錄影帶》。日裔英籍作家石黑一雄的小說《長日將盡》出版。

1990年，蘇聯解體，冷戰結束，兩德統一。
1990年代早期，歐美引進了女用保險套，更進一步加大了女性享受性愛的機會。

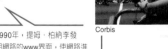
Corbis

1990年，提姆‧柏納李發明網路的www界面，使網路進入全人類的生活。

1992年，美國小說家羅勃‧華勒（Robert James Waller）出版小說《麥迪遜之橋》（The Bridge of Madison County）。

1993年，波蘭導演奇士勞斯基（Krzysztof Lieslowski）的「三色電影」。第一部《藍色情挑》（Trois Couleurs—Bleu）。第二部《白色情迷》（Trois Couleurs-Blanc）。第三部《紅色情深》（Trois Couleurs-Rouge）。

1994年，波斯灣戰爭。日本女作家吉本芭娜娜出版長篇小說《甘露》（Amrita）。

1995年，艾倫‧狄波頓發表小說《我談的那場戀愛》（Essays in Love: a Novel）。

1995年，法國大導演盧‧貝松（Luc Besson）的電影《終極追殺令》（Léon），片中描繪殺手與年幼孤女間若有似無的感情。這一年，日本也有感傷愛情電影《情書》，普魯斯特的《追憶似水年華》是片中的重要引線。
1996年，電影《英倫情人》（The English Patient）改編自錫蘭裔加拿大籍作家麥可‧翁達傑（Michael Ondaatje）的同名小說。
1997年，以1912年「不沉之船」世紀首航悲劇為題材的電影《鐵達尼號》（Titanic）敘述一段船上發生的生死之戀，在全球創下票房紀錄。同年，電影《愛在心裡口難開》（As Good As It Gets）。

1998年，美國輝瑞藥廠壯陽藥物「威而剛」（Viagra）問世，這種藍色小藥丸在全球造成轟動，成為成年及老年人的性生活帶來福音。不過，也有許多樂極生悲的後果。美國總統柯林頓與白宮實習生陸汶斯基（Monica Lewinsky）傳出性醜聞，轟動全球。同年，第一部以網路戀情為主題的電影《電子情書》。

1999年，Y2K電腦時序危機波及全球。全球網路使用者突破1億5千萬人。

2000年，I Love You電腦病毒肆虐全球。搖頭丸開始在全球流行。DNA密碼破解。

2002年，第一個複製人將誕生。

Part III
Culture
閒話多汁＋文化奶油球

# 愛情的關鍵字檢索

*採訪整理／林泠*

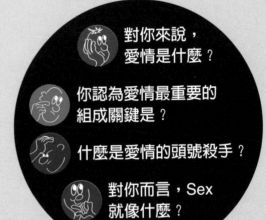

對你來說，愛情是什麼？

你認為愛情最重要的組成關鍵是？

什麼是愛情的頭號殺手？

對你而言，Sex就像什麼？

### 1968年生怕被先生劈的不具名妻子

- 愛情對我來說是化學作用吧。
- 愛情最重要的組成應該是憐惜。
- 愛情的頭號殺手是過度膨脹的自我。
- Sex啊……是重量（因為我老公滿重的）。

### 30歲已婚出軌男

- 我對愛情已經麻痺，就算很想，也無法再愛誰了。
- 愛情是由感覺所組成，情愫的產生是在感覺上起了變化。
- 愛情的頭號殺手是金錢，很多女人會為了金錢而背棄愛情。
- Sex就像是食物，吃飽叫我多吃一口，打死我都不願意，因為沒胃口。

### 與女友同居的22歲馬克思

- 愛情就像氧氣，我依靠它而活。
- 愛情最重要的成分是彼此的需求是否符合。
- 愛情的頭號殺手是厭倦。
- Sex就像甘蔗，吃法對的話，一定會愈吃愈甜。

### 男友在上海的青春瑪姬

- 愛情沒有特別的定義，「當我愛上」，那就是了。
- 付出是愛情裡最重要的成分。
- 時間是愛情的頭號殺手。
- Sex是麻花，好吃的甜蜜的糾纏。

### 浪漫派中年企業經理人

- 愛情像香蕉，很營養。細心地剝開，吃下去沒有障礙，一點也不麻煩。
- 愛情最重要的組成關鍵是纖維、水分、新鮮。

不新鮮是愛情的頭號殺手。

Sex就像西瓜，多汁且甜美。

## 靠美術設計吃飯的資深美術設計

愛情？這是利於幻想的一個名詞。

一個男生、一個女生，這就是愛情。不是二個男生和一個女生或二個女生和一個男生，當然也不是一個男生一個女生之外還有一個小孩。

愛情的頭號殺手當然是生活！

Sex⋯⋯到了我們這個年紀就像維他命E，大約一週補充一次就好了。

## 為貓咪取名為幸福與美滿的都會女子

生活中有些東西是屬於「需要的」，有些是「想要的」，而愛情對我來說就是那種「想要的」。

愛情最重要的成分，當然就是「愛」啊！

愛情的頭號殺手是猜忌、不信任。

Sex就像甜點，是愛情這正餐重要的附屬品。雖然沒吃甜點也不會死，但太久沒吃的話還是會想要嚐點甜頭。

## 25歲單身蜜雪兒

愛情就是兩個不同的個體尋求一段相同的未來及生活。

愛情的重要成分包括了信任、體諒、深刻了解、溝通與一致的目標。

愛情的頭號殺手是謊言與暴力，也就是彼此在言語與行動上的傷害。

Sex就像水，每個人都需要，但需求的多少會因人而異。就算不喜歡也必須要喝，喝多了以後就不能少喝，而且還可能會愈喝愈多。體力消耗愈大就愈需要補充，就像是心靈消耗愈大時，就愈希望對方能緊緊抱住你。

## 發癢的中年男子

愛情是可以替代的必需品。

愛情最重要的組成關鍵是女人的氣味。

愛情的頭號殺手是黃臉老婆。

Sex像美食，餓了想吃，飽了仍可以稍微品嚐，但多了會膩會噎。

## 眼冷心熱的狡獪四年級男生

愛情是生命不可切割的一部分。

理解（Sympathy）與寬容（Tolerance）是愛情裡最重要的成分。

猜忌是愛情的頭號殺手。

Sex就像電腦滑鼠，沒有它，你永遠抓不準你想要的愛情。

## 扮豬吃老虎的系統工程師

愛情就像水，沒事多喝水，多喝水沒事，沒水喝別的，總有替代品⋯⋯

🌀 熱情是愛情裡最重要的元素，等水都變成水蒸氣，再找新的水繼續喝。

🌀 習慣是愛情的頭號殺手，習慣成自然，自然沒新意。

🌀 Sex也是水，水有很多種，礦泉水和自來水看起來一樣，但喝起來可不一樣。

## 渡邊淳二郎

🌀 愛情像季節，像生命。它會生長，帶來初生的喜悅；它會成長，情慾纏綿，如夏日雨後的肉體，有濛濛的水氣；它會成熟，帶著秋天的金黃與過熟的果味；它會死亡，你將離去，愛情埋葬如冬日，只剩下記憶片段。季節輪迴，愛情如是。

🌀 愛情的關鍵是了解。生命寂寞，人需要被聽見，聽內心的聲音，內心的寂寞。溫暖的一握，比送花更重要。

🌀 愛情的頭號殺手是「我已經不愛你了」。只是這一句話。

🌀 Sex像兩個間諜，互相尋找感官的密碼，發現新的密碼，互相刺殺，一起死去。

## 接獲愛的禮物的女子

🌀 人生不能沒有愛情，它是人生裡最重要的部分。沒有人不懂愛情，問題在於有沒有用心去體會。

🌀 眞誠是愛情的關鍵。我很感謝我的先生，自從認識他到他過世，我在他面前從來不用戴面具。

🌀 欺騙是愛情的頭號殺手。無論何種形式的欺騙都不必要，即使善意的謊言也不必要，因

對你來說，愛情是什麼？

你認為愛情最重要的組成關鍵是？

什麼是愛情的頭號殺手？

😀 對你而言，Sex就像什麼？

Sex就像請客吃飯，因對方愉悅而感到快樂。如果只是自己肚子餓了，那吃自助餐也就解決了，犯不著牽扯無辜人等。

## 陸煥唐

男女之愛是腎上腺素與荷爾蒙。

愛情的組成關鍵是體貼和忍耐。一般人只有前一面，沒有後一面。

利害關係是愛情的頭號殺手。如果考慮到對前途、未來有無害處，愛情很難存在。

Sex就是用無害的方式釋放Libido。

## 世外仙豬

愛情是一種病，總有痛苦相隨，但我不希望自己終身免疫。

愛情最重要的是有感覺，感覺來自哪裡我也說不清，結果是荷爾蒙增加。

愛情的頭號殺手是厭倦。

Sex就像水，是生命中不可或缺的一部分。

為成熟的人應該能勇敢面對發生的一切事實。

Sex就像甜品，很美味，但是愛情才是主食，甜品只是錦上添花。

## 被逼問純屬私人問題的不幸路人

愛情是……換一個容易點的問題吧！比如說生命起源、宇宙大爆炸什麼的。

愛情本身就是愛情最重要的組成關鍵。

不愛，就是愛情的頭號殺手。

Sex就像內褲，人人道貌岸然的外衣下都有一件。可是能讓你看見嗎？ ∎

## 只聽不說的馬修

愛情就是「不知如何是好」。

愛情的組成關鍵是：情緒→情愫→情分。

愛情的頭號殺手是「我這麼愛你／妳，你／妳怎麼可以……（以下任填）」。

# 愛與輪迴

汝愛我心，我憐汝色。以是因緣，經百千劫，常在纏縛。
——《楞嚴經》

文‧圖／洪啓嵩

愛情為什麼是輪迴的根由，《楞嚴經》裡有一段話說得很清楚：「汝愛我心，我憐汝色。以是因緣，經百千劫，常在纏縛。」也因此，《楞嚴經》又說：「一切眾生從無始際，由有種種恩愛、貪欲，故有輪迴。」

愛情既然是生死之本，功課當然就大了。這門功課有多難，《四十二章經》有一段話非常有趣：「愛欲莫甚於色，色之為欲，其大無外。賴有一矣，若使二同，普天之人，無能為道者矣！」翻譯成白話文，就是說：「愛欲這門人生的功課太難了，不過幸好這麼難的功課只有一門，萬一有兩門的話，那全天下不要指望有修道的人了。」

愛情是人生這麼大的功課，修這門功課則不外乎兩種途徑。

第一種，是看破它。怎麼看清「愛欲之人，猶如執炬，逆風而行，必有燒手之患」，因而心生警惕，遠離糾纏。但這真是說來容易，哪是一般人可以辦到的。

因此，我們不妨看第二條路，也就是正面面對愛情。看看怎麼透過和愛情之共處，給自己生命帶來些正面的意義。

## 至誠動金石

釋迦牟尼尚未成佛之前，有這麼一個故事。

在那一世，有一個緊那羅（意為樂神）的公

主，叫作悅意。美麗的悅意某次到人間時，為獵　　又能相守。

人所擄，獻給善財王子。經典中說，善財一見到

佛之前的釋迦牟尼。這個故

（律部〉之中。對善財這個追

釋是「精進波羅蜜」。佛教修

進波羅蜜」正是其中之一。

心真誠的追尋，正是「精進

追尋生命美善境界，永遠不

實踐力。

的課題，主要在於怎麼透過

而這種實踐的主要課題有兩

愛不到怎麼辦？

是透過愛情來實踐自己的代

，和無私無我，是這個愛情

，也顯示了生命力量的最大

一點必須要澄清，「精進」，

區別。許多「癡迷」愛情的

的形象，雖然也很近乎「精

不同的。

的「精進」和「癡迷」，差別

於，「精進」所著眼的是：

絕不是自己單方面的一廂情

都在止於自己，不會為愛而

到第三人（不論第三人是否

）。

的犧牲與奉獻，也會顧慮到

不會因愛情而被奴役。

四，因此，這樣追尋的過程再艱苦又漫長，不會產生負面的情緒，動搖的懷疑。

而「癡迷」則不是。「癡迷」雖然看起來也很「專一」、「奉獻」等等，但是因為不具備上面所說的那四個條件，所以：一，持續不久；二，持續得久，也不免自我的懷疑；三，即使熬得過自我的懷疑，對自己生命的提升，也是沒有作用的。

## 實踐愛情的課題

前面說過，實踐愛情的主要課題有兩個：愛到了怎麼辦？愛不到怎麼辦？

愛情最可怕的是，以為愛到了就不變了，愛到了就不管了。換句話說，最大的問題是在於把愛情當結果，而不是當過程。而愛情，其實是在創造一個美麗的過程。愛情是往前走的，是要不斷加厚的，是要昇華對方的。不可以冷落一旁，也不可以測驗、考驗，愛情的過程，就是要讓愛情的本身更美麗，更圓滿。

但是今天卻有太多人以為愛到了，或結婚了，就是結果，就是愛情的段落。這樣下去，熱戀之後沒有多久就進入平淡期，或者說結婚之後就相敬如冰的情況會層出不窮，就毫不足為奇了。

愛到了固然一不小心會有這種後果，愛不到呢？太多人愛的其實是自我的幻想，愛的是自我。換句話說，自戀。因此愛的不是對方，而是希望對方被自己控制。這樣，愛不到對方，就要毀了對方。他（或她）不知道的是，愛不到對方，就要毀了對方的人，就算愛到了也會把對方毀掉的。《人間四月天》裡大家為徐志摩、林徽音等人的愛情故事而動容，其實最令人感動的是畢生愛戀林徽音，但是一直從遠處守視著她的金岳霖。他的愛情不但昇華，最後連梁思成和林徽音的兒女們都稱呼他為「金爸」。對金岳霖來說，這樣的愛不到一點也不苦，而有這樣的愛情存在，對愛的人來說，對被愛的人來說，都是很莊嚴的。

## 誤讀輪迴

由於愛情是強烈的記憶，如果說是有生命輪迴，那麼愛情的記憶的確也會存留下來的。但是談到輪迴，常常會聽到一些似是而非的說法。

譬如有人很喜歡把前世的因緣掛在嘴上，因為前世的因緣，所以這次相逢一定要如何如何。其實，既然是因緣，就沒有命定這回事。因為「因」、「緣」是兩回事。你們前世有什麼關係，那是「因」，至於你們這一世相識有沒有發展另一段關係的條件，則要看這一次的「緣」。怎麼能說因為過去有「因」，這次就一定有「緣」？我們頂多可以說：我和你在上輩子很有緣，所以這輩子很想要追你。但是絕不能說：我和你在上輩子很有緣，所以這輩子你非是我的不可。

常常把這種輪迴、因緣掛在嘴上的，都是在一些男已婚或女已嫁，雙方卻要擦出火花的情況。這種時候若再加上什麼輪迴、因緣的說法，那種吸引力是非常巨大的。此時不妨換一個方向來想想。如果真是上輩子有緣，是哪個上輩子

洪啓嵩《輪迴與愛情》

呢?那上上輩子呢?上上上輩子呢?如果真那麼有緣,為什麼雙方這輩子不在男未婚女未嫁的時候就遇見呢?可見,絕不是真有緣。如果說過去和他很有緣,其實更有緣的一定是這輩子已經相結合的這一個。但真有緣的這一個,早在愛到之後就不知道怎麼去愛了。

對於這種婚外情,我常說:「不要用愛情謀殺愛情。」人家牆上已經畫了一幅畫,你就不要非覺得自己的油漆才更好,非得把別人畫好的畫破壞下來比較好。不要破壞人家的因緣,如果真的相信輪迴,那應該知道下次人家也會來破壞你的牆面。更何況,會把前世因緣掛在嘴上的人,通常都絕不會只對一個人這麼說。這也是有道理的,因為任何生命如果有前世,都不會只有一次前世。他見到不同前世的人,當然會說不同的話。

男女之間,還有一種輪迴說,一旦雙方進入相互折磨的階段,會搬出誰上輩子欠了誰的說法。這也真是誤解。第一,你沒有神通,不知道上輩子的事,所以不要隨便歸罪於上輩子。第二,就算有,兩帳不會相抵。所以,你在忍氣吞聲,接受折磨,不是在向他還債,而是在幫他造業。還是那個基本原則,愛情是兩個生命互相創造價值、增加美麗與圓滿的一個過程,任何不符合這個原則的愛情,都談不上是真正的愛情,更別談有一方不但不創造另一方的價值,還要破壞、毀滅另一方的生命價值。當然,如果這輩子故意要讓對方欠債,樂意「輪迴」,那又是另一回事。

### 修練當下愛情

總之,就算愛情是有輪迴的,我們應該相信,最重要的一次輪迴還是在這一世。就好比我們雖然對前世可能有些隱約的記憶,但是最深刻的,還是來自於這一世,在這一世文化、社會環境下所形成的記憶。我們的喜怒哀樂、眼耳鼻舌身意的感受,莫不是受這一世的影響最大。如果要進行愛情的修練,那就應該把握這一世的所有來修練。

在二十一世紀的今天進行愛情的修練,有古今相同之處(譬如對生命價值之體認),但也有今天這個時代所特有之處。今天我們環境裡最大的特質是,流行與媒體在不斷地刺激我們眼、耳、鼻、舌、身、意的各種感官,我們感官受到不同於過去世代的太多、太快的外來刺激,視覺、聽覺、嗅覺、味覺、觸覺、心意也就會產生不同於過去世代的偏好。愛情,是我們各種感官與心意偏好的一個綜合體現(所以自我很充足,很圓滿的人可以不必戀愛),因而受到流行、媒體的影響與主宰,更著重感官的刺激、快速的反應,就理所當然,性的成分會越來越突顯於愛之上,也不足為奇。

在這樣一個千變萬化的外在環境裡,我們對於愛情與輪迴的認知,固然有許多外在新增的變數,但最根本的那兩個問題還是不要忘記問自己:「愛到了怎麼辦?愛不到又怎麼辦?」　　■

本文作者為作家。

# 馬克思主義者
# 的愛情

馬克思寫不寫情詩？俄國女革命家為什麼喜歡「喝一杯水」？
馬克思主義者與禁欲主義者之間，究竟存不存在等號關係？

文/薛綬

在中國，至少在中國大陸，馬克思主義者往往同禁欲主義者成為同義語。彷彿人們一入此教門，必須放棄七情六欲，專心革命。如有情欲，也必與革命有關，或者是為革命而如是，而非出於生命之本能。這自然是近百年來中國情勢之嚴峻所然，但亦不能不說其中包括了許多曲解。

## 革命家VS.情欲詩

馬克思其人其實是極講愛欲的。大家知道，他還剛進大學不久，就寫了一大批情詩給自己追求的物件——比自己小四歲的燕妮。他說：

> 燕妮，如果我可以大膽直言，
> 我們的心已為同一火苗點燃，
> 兩顆熾熱的心已在一起搏跳，
> 激流已把我們倆匯合在一道……

這些情詩，在大陸已有幾個譯本。可惜，在改革開放前它們不曾太受重視；在改革開放後，人們又不免嫌它們「陳舊」，沒有引起什麼轟動效應。

關於馬克思主義的愛情觀，說來話長，這裡不多辭費。有興趣的朋友，可以一讀《1844年經濟學哲學手稿》和《家庭、私有制和國家的起源》等書。但就大眾讀者來說，彷彿有一種印象，馬翁至多只談愛而不願談肉欲。其實非是。《馬克

思恩格斯全集》中文版第31卷第373～374頁刊載了1867年10月19日馬翁給摯友恩格斯的一封信，其中引用了三首詩，都是十六世紀法國諷刺詩人馬屠朗·雷尼埃所寫。《全集》中文版不敢譯出，只錄原文，如下：

1

Mon cas, qui se lève et se hausse,
Bave d'une estrange façon;
Belle, vous fournistes la sausse,
Lors que je fournis le poisson.

Les! Si ce membre eut l'arrogance
De fouiller trop les lieux sacrez,
Qu'on luy pardonne son offence,
Car il pleure assez ses péchez.

2

　Fluxion D'Amour.
L'amour est une affection
Qui, par les yeux, dans le cœur entre,
Et, par la forme de fluxion,
S'écoule par le bas du ventre.

3

　Lisette tuée par Régnier
Lisette, à qui l'on faisait tort,
Vint à Règnier tout èplorèe.
Je te pry, donne moi la mort
Que j'ay tant de fois desirée!

Luy, ne la refusant en rien.
Tire son... , vous m'entendez bien,
Et dedans le ventre la frappe.
Elle, voulant finir ses jours
Luy dit: Mon Cœur pousse toujours,
De crainte que je n'en rechappe.
Régnier, las de la secourir,
Craignant une seconde plainte.
Lui dit: Hastez-vous de mourir.
Car mon poignard n'a plus de pointe.

這三首詩始終未見人譯出，究竟說些什麼，不少馬列研究者至今不甚了了。據說，曾有一好事的專家熱心為之迻譯，但譯文只在熟人間流傳，文如下：

（一）
我的玉莖凸起，不屈不撓，
表現一種奇異的姿態，令人垂涎三尺；
「美人呀，你供給水源，
我供給魚。」

唉！此物如果悍然闖關，
一味向幽深處直鑽，
人們也當原諒它的冒犯，
因為它對自己的罪行，畢竟熱淚濺濺。

（二）
　愛情的燃燒
愛是一種情感，

透入內心，經過兩眼，

而在熱烈的燃燒中，

直達下腹的尖端。

（三）

利色特為累內所犧牲

利色特受了蹂躪，

恐無希望。

累內筋疲力竭，不能相幫，

疑心要打第二仗，

遂勸她快些死去，

「我的劍已無復鋒芒」，

直奔累內處乞憐。

「請你將我處死，

我時常想望它，再也不願生存！」

拒絕，他到底不肯，

「你懂得怎樣」云云，

便抽出他的……

插入她的花心。

她想將自己的生命送葬，

告以我心常蕩。

馬克思在引述這些詩時並未譴責它們「失德」，而是說它們「不壞」，而且說「這方面我曾看過許多書」。

## 喝一杯水解除桎梏

馬恩之後，談情愛問題的馬克思主義大家是倍倍爾。他的《婦女與社會主義》有沈端先（茅盾）譯本，雖然是從日文轉譯的，迄無新譯可以替代。倍倍爾這本書裡說：

在人的所有自然需要中，繼飲食需要之後，最強烈的就是性的需要了。

人類對於衝動的滿足，只要不損害他人，自己的身體盡可由他們自己處置。滿足性的衝動也和滿足其他自然衝動同樣，是個人的私事。既不必對他人負責，也絕對無第三者插嘴的餘地。

關於這一點，社會主義沒有任何新的創造，不過是將私有財產制度支配社會以前所通行的狀態，在比較高級的文化階段，再現於新社會的形態之下而已。

這真是徹底的解放。無怪乎，此書在德國至少印了五十版，在中國，也一直成為馬克思主義者的瑰寶。1951年胡愈之夫人沈茲九女士還在一篇文章中稱它是「一部研究婦女問題的聖典」。

列寧曾多次談到愛和性諸問題。就中，最值得人們回顧的，是十月革命後的一段涉及柯侖泰女士的故事。柯侖泰是俄國著名的女革命家，十月革命後擔任過教育人民委員（教育部長）和駐外第一任女大使；以後犯過「工人反對派」的錯誤，這裡表過不提。俄國十月革命成功，一時間，確實使人們思想大為解放。連沙皇都能打倒，還有什麼思想桎梏不能被砸爛？柯侖泰女士一直是鼓吹自由戀愛的，自然備受鼓舞。據說，就在十月革命勝利不久後的某天，正在國務活動極其繁忙之際，這位美麗的女部長同已與她熱戀的克里姆林宮衛隊長達班科一起，溜到外地去逍遙了幾天。柯侖泰等人當時認為，革命勝利後，

不應有任何思想桎梏，男女戀愛乃至性交一場，猶如喝一杯水那樣簡單。所以人稱當時的這種隨愛隨散的活動爲「杯水主義」。柯侖泰同達班科當時之暫時離開革命崗位，只是出去「喝一杯水」而已！

哪知道，喝這一杯水引起了軒然大波。兩位喝水者究竟是俄共高官，如何可以爲「喝水」而擅離職守若干天？! 於是，俄共中央爲此專門舉行了討論。據傳，當時的革命領袖之一托洛茨基提出，必須對他們實行嚴厲制裁：槍決！討論時列寧未在。事後議案交列寧裁決，列寧批示：槍決太輕，應處以更嚴厲的懲罰：讓他們兩人立即成婚！

這個故事常被用來說明列寧的人道主義思想。究竟如何，未見歷史正式記載，未敢其必。徵讀文獻，列寧在十月革命後批評「杯水主義」的確十分激烈，這是事實，不過據蔡特金回憶，列寧進行批判的主要一個論據是：

參與愛情的只有兩個人，但是，他們會誕生第三個生命，新的生命。這裡就有社會利益，就產生了對集體的義務。

依此看來，列寧對柯侖泰的「明批暗保」，未始不合他的邏輯，因爲他們當時究竟還沒有「誕生第三個生命」。拿這原理用到能有效避孕的今天，更是沒法說了。

順便說說，談到馬克思主義的戀愛觀，還不能不一提柯侖泰的著述活動。此人思想極其開放，一貫提倡自由戀愛，寫過不少文藝作品和論文。有名的是《三代戀愛》、《赤戀》、《新婦女論》等。《新婦女論》的譯者還是鼎鼎大名的沈茲九、羅瓊女士。1949、1950年間，柯著《新婦女論》是婦女學界膾炙人口的名著。可惜的是，近五十年裡，在共產陣營裡似乎已不願再多提柯侖泰其人，只是聲言她是個犯了錯誤的「工人反對派」而已！

## 開放的馬克思主義

大凡來說，一種革命當其勝利之前，鬥爭激烈之際，免不了實行禁欲主義。而一旦取得勝利，有意無意讓人們「縱欲」一番，也是人之常情。中國大陸，1949年後仍然禁欲，乃至鬥爭之弦越繃越緊，未免不合事理。1980年代後，人們究竟覺醒，開始鬆綁。當時出版界亦悟出此點，推出一本保加利亞作家瓦西列夫的《情愛論》。這本平平常常的小書，銷路之好，使人大爲「跌落眼鏡」。原因無他，這位瓦先生首先根據馬克思主義文獻，提出「愛情的動力和內在本質是男子和女子的性欲」，而且揚言這個結論已經得到唯物史觀的證明。禁欲幾十年的中國讀者這一下子大開眼界，於是這本書不用任何promotion，就自然然地印了一百二十多萬冊。到八〇年代中後期，老左派們大反「精神污染」時，萬萬沒料到某些「污染」之源其實恰在馬克思主義的一些理論那裡。

摭拾舊說，編排故事，只是想說明：馬克思主義原本是開放的，特別在情愛問題上。　■

本文作者爲作家。

# Part IV
## Literature
# 躺在莎翁的啤酒肚上

# 《詩經》的感官之旅

寫幽會、寫思念、寫鶼鰈，單純的語言卻充滿豐富的暗示性，
三千多歲的古老《詩經》，其實是最具野性與現代感的……

文／楊渡

《詩經》是無比古老的，但它的愛情，卻是非常野性、眞實而感官的。只要你超越文字的隔閡，它的野性與現代感就會呈現出來。我們不妨從三首詩來體會一下。

## 非常野的詩

現代情人示愛，有錢的送名牌，請去吃牛排大餐；沒錢的送小禮物，情人節送一朵玫瑰，乃是常情。總之，以物示意，是一種心意的表示。

三千多年前的古代，沒有名牌，沒有牛排大餐，送什麼好？

《詩經‧國風‧野有死麕》，做了非常好的註解。古代男人示愛，送的是獐肉和鹿肉，約會的地點，在野外的小林子裡。這首詩，有點野，有點美，卻又無比的感官！

原詩如下：

野有死麕，白茅包之；
有女懷春，吉士誘之。

林有樸樕，野有死鹿；
白茅純束，有女如玉。

舒而脫脫兮，無感我帨兮，
無使尨也吠。

這首詩初初看起來像一個女子在描述她和男人幽會的情景。有點像客家山歌中的男女對唱。

她唱道：野地裡，男人打獵，打死了一隻麕

（古代的註解是麏，其實就是現在說的獐。其形狀近乎鹿），用白茅包起來，有一個女子正懷春呢，這位「吉士」拿著獐肉當禮物去引誘她。

野地裡，有小小一片樹林；林子裡，有一隻射殺了的鹿；用清純的白茅束好，有一個女子，美好如玉。

舒緩的，溫柔的，脫去我的衣服；我感覺不到身上的佩巾在那裡；不要太大聲啊，不要讓狗叫起來。

初讀的時候，對「死鹿」的形象，會覺得有點奇怪。畢竟拿「死」字作詩的句子，總是有點太粗糙。鹿肉就是鹿肉，更何況要當禮物的，何必用「死鹿」這麼直接的說法。後來想到，在古代的民歌裡，甚至是客家歌謠中，死字是常常自然而然說出來的。講到愛情，死一千次，一萬次是很正常的事。愛到了極致，是有一種想死的衝動，一種近乎死的感覺。或許，古人早有體會。

這詩野，野到連「死」字，都不避諱。比現代的〈墓仔埔也敢去〉，並沒有更客氣。

所謂「感官」，我們現代人習慣用性慾來作為比擬，似乎必須是性器官才是「感官」。但實際上，人的感官來自視覺、聽覺、嗅覺、味覺、觸覺，以及它總合起來帶給人的感受，用佛家語言，即是「色聲香味觸法」。它不能用單一的性慾來包括。性慾，應該是所有感官的綜合體，但不是唯一。

對感官的歷史與分析，對人如何發展出現代的感官，《感官之旅》這一本書有很好的描寫。另外，聶魯達則是把日常生活的感官，包括了食物、植物、動物、桌子、鉛筆等等，甚至是礦

李重重《喜悅》

物，都作了深情的刻畫。詩人之中，大概很少人像他這樣，可以用最豐富的感官與想像，在一切最平凡的事物之中，發現它無比動人的力量，其實也就是物質世界與人的生命力。

說太遠了，回到這一首三千年前的古代情詩。在感官上，它有一種單純，單純的極致，卻是豐富的暗示性。鹿肉與白茅，你如何不想到泰國料理中的「香茅草烤肉」？肥美鮮嫩的肉汁上，侵透了香茅草的香味……。拿這個去引誘女子，比現代的牛排大餐，不會遜色吧？

### 思念的詩

〈子衿〉是一首女子思念情人的詩，寫得婉轉

細緻，深情如絲。

> 青青子衿，悠悠我心；
> 縱我不往，子寧不嗣音？
>
> 青青子佩，悠悠我思；
> 縱我不往，子寧不來？
>
> 挑兮達兮，在城闕兮，
> 一日不見，如三月兮！

這一首詩迷人的地方，是它處理了細節。

愛情與思念，在文學裡，和論述不同，它是靠著真實而感官的細節所構成的。思念之為物，也往往不是一個人的整體，而是某一個具體的形象、聲音、氣味、觸摸的感覺。它會縈繞在頭髮、眼睛、睫毛、衣袖、手臂、腳趾頭（請參看《瘋癲老人日記》），甚至是額頭上的汗滴、背上細微的汗毛……，打轉。

這詩是女人思念男人，但她的想念，竟是由衣領上青青的色澤開始的。

青青是一種顏色，衿是男子服飾上的衣領。「青青子衿」對「悠悠我心」，有如一個女子，內心所思念者，不是他的衣服，而是更細節的衣領上，一種明亮的青色。這「青青」的色澤，因為對著「幽幽」，便有一種牽動的效果。彷彿它是絲一般的光澤，牽動了幽幽的心。

更為感官的，是後面的「佩」。佩是指繫佩的一組帶子，繫在人身上，悠悠的思念而到了他的帶子上的色澤，就有一種女子摩挲著玉帶子的暗示。玉帶子的思念，如何不纏綿？

「挑兮達兮」是多重意義的。「挑兮」意味著挑動、引誘；達兮意味著達到、感受到。也就是

一方挑逗著，另一方感受到了，到達了相約的地方，地方是在城闕上。「一日不見，如三月兮」，讓思念的情緒顯得更為強烈。

我曾試著要把它翻譯成白話文，句子如下：「青青是你的衣領，幽幽是我的心情」、「青青是你的玉帶子，幽幽是我的思念」。然而，總覺得味道不及原來的好。

就像品嘗美味的佳餚，我們會在其中感到不斷回味的地方，一些精緻的細節，挑動你感官的美感。如何欣賞這一首詩，就我個人的經驗，還可以有一個地方，那就是詩中的音樂性。

詩的起首「青青」二字，是輕輕的音節，「悠悠」也是非常輕的。從開始到「子寧不嗣音」，調子是輕柔的。第二段「青青子佩」，音節上變重了，於是有一種思念被強調的分量，「子寧不來」也變得比前一段更急迫了。那是一種感性的急迫感，而不是字義上的。事實上，字義並沒有多少差別，但字音的變重，就讓情感的表達有一種分量。這可能是詩才會有的感覺吧。

第三段則順著感情的節奏，進入一種奔放的狀態，完全是一種呼喚般的吟哦。整首詩歌是順情感的節奏而加強的。

當然，我們也不必覺得奇怪，《詩經》本來就是可以唱的，所以音樂的感覺自然會包含其中。

## 撒嬌的詩

詩人朋友說過一句名言：「啤酒沒有泡沫，就像女人不會撒嬌。」

反之，亦然。

《詩經》裡，有一首〈女曰雞鳴〉寫的就是夫婦的愛戀、賴床，纏綿不想起來。這婦人相當賢淑，一邊撒嬌，一邊叫老公起床，還鼓勵他要好好出去打獵，回來準備做小菜給他下酒。可見，

男女之間，撒嬌比指東道西有效。

女曰雞鳴，士曰昧旦。
子興視夜，明星有爛。
將翱將翔，弋鳧與雁。

弋言加之，與子宜之。
宜言飲酒，與子偕老。
琴瑟在御，莫不靜好。

知子之來之，雜佩以贈之。
知子之順之，雜佩以問之。
知子之好之，雜佩以報之。

用白話文來解，就是：

女人說，雞啼了，天要亮了。
男人說，還沒有吧，天色還暗著呢！
女人說，那你起來看看夜色，
東方的啟明星已經非常燦爛了。
過一會兒，就會有群鳥在天空飛翔，
你快快去打獵，射下鳧和大雁。

射下一些禽鳥野味，
我來為你做點小菜。
你可以喝杯小酒，
我們就這樣相好到老。
像琴瑟一般和樂，
這日子，是如此安靜美好。

我知道你喜歡朋友來，
我們可以送他佩玉當禮物。

我知道你尊敬的朋友來，
也會問他想不想要佩玉。
我知道朋友對你好，
就會用佩玉替你報答他。

這詩的天才，就是寫夫婦的感情好，是從賴床寫起。兩個人還在被窩裡溫存的清晨，雞啼了。女人要叫男人起床，不是催他該起床上班，而是用撒嬌的語氣說：你看星星都亮了，心愛的猛男，我知道你最猛，你好好去打獵，回來我準備好酒好菜，我們會這樣相好一輩子。如果你要帶朋友回家，我也會對你朋友很好哦。

最動人的部分是「宜言飲酒，與子偕老；琴瑟在御，莫不靜好」。夫婦間，往往為了生活的煩瑣，事務的操心，而日漸失去彼此的溫存，甚至言詞也因為日常的磨蝕，而變得粗糙，最後就失去談心的興緻了。感情的疏遠，往往由此開始。然而，這一對夫婦的感情，卻是如此溫婉細緻。在辛勞一天之後，享受著白日辛勤勞動的果實，女人把野味烹調為美食，陪丈夫喝一杯，他們有一句，沒一句的說著家常的話。氣候，莊稼，秋天的野鴨，孩子的衣物……或是嫌太安靜了，也可以彈一彈琴瑟，一起唱首歌。或者男人愛熱鬧，喜歡朋友常常來家裡坐，那女人也願意持以敬重，以君子之禮相待，贈之以佩玉。

歲月是如此安靜，沒有戰爭，沒有天災，空中有飛翔的大雁，地下是安靜的人間。在星光中醒來的夫婦，在桑麻間往來的朋友……。

雖然是一首女性的詩歌，帶有那麼溫存的撒嬌，卻另有一種溫柔的語調，對平安世界的祝福，對美好歲月的渴望。　■

# 拉普塔飛島創戀紀

## 漂浮在時間長流的愛情敘述

文／張惠菁

別人也許用詩歌來歌詠愛情，但我以為愛情最適合的是小說，而且最好是長篇小說。因為愛情脫離不了時間，小說創造的敘述時間是最適合愛情繁衍的生態。因為小說兌現出愛情需要的事件。還記得《格烈弗遊記》裡的拉普塔飛島嗎？飛島藉由引力的相互抵銷，而得以漂浮在空中。愛情便是戀人們攜帶著自己的過往，在時空因緣際會的一點上相遇，所創造出來的空中之島。你如何能說得清那繁複而脆弱的平衡，除了寫一本小說？

反過來說，小說家如何抗拒得了愛情這樣的題材？可以微不足道，像是戀人留在床頭的幾根鏽髮夾，也可以比宗教更超越，成為靈魂唯一的救贖。可以轉瞬即逝，什麼都留不住，也可以是對抗時間唯一的出路。

### 麻痺靈魂的救贖

勞倫斯最愛寫超越階級與身分的戀愛，不是貴族婦女愛上勞動階級的男子，就是英國婦女愛上來自異地的陌生人。愛情打破了英國社會嚴謹的階級制度，成為沉悶的工業時代唯一新生的力量。

在《查泰萊夫人的情人》裡，貴族男性們在優裕的生活裡失去了活力，玩弄著死氣沉沉的辯論。查泰萊夫人無法融入這一切，她的青春在抗議，等待一次反叛的機會。

勞倫斯描寫的是一個衰頹的年代。英格蘭的煤礦正在枯竭，礦工即將生活無著，而舊式田園牧歌中的英格蘭鄉村也早已消失了。工業時代改變了英格蘭鄉村的面貌，「污黑的磚屋子，黑色

Corbis

的石板屋頂閃耀著尖銳的屋角，泥土混合著黑煤炭，路面潮濕而發黑。每樣東西都像是浸在黑色的恐怖裡。一切都是違背天然的美，違背生命的快樂。一種鳥獸所具有的愛美本能的缺乏，以及可怕人類直覺力的全然死亡。」勞倫斯將工業時代的英格蘭描寫成一個冥界，到處是衰敗的跡象，人心中只有名利與金錢的追求。成功看似是

個女神，卻又是個神女。無數的人匍匐在她腳下。小說家放眼望去，只看到冰冷的機械，眞情扼殺，美感缺乏。

在這樣的世界裡，有什麼能夠救贖，能挽救靈魂於麻痺？勞倫斯給了查泰萊夫人一個戀愛的機會，也給工業時代一個覺醒，重新追求性靈的機會。密勒斯寫給康妮的長信上說，「一個人必

得竭力保護自己，然後才能對身外其他的事物有信心。」愛情就是那令人關照自己，保護自己的動機。從愛情開始他們找到自己面對世界，安全的相對位置。《查泰萊夫人的情人》原書名就叫做《柔情》（*Tenderness*）。

但不是所有人都對愛情這麼有信心。格雷安‧葛林同樣善於為時代速寫，但他的愛情，總像是在對抗周遭如黑夜般無聲掩至的荒謬與徒然。不管是《沉靜的美國人》、《喜劇演員》、《事物的核心》，還是《愛情的盡頭》，葛林的男主角多疑而世故。真理與宗教他不信，對愛情也猜疑，卻都不能拋棄。愛情如浮木，趴在上頭就別去想下一個浪頭將從何方打來。

## 恆向他方的仰望

福樓拜筆下的愛情，也是不穩固的逃避。對包法利夫人而言，愛情是永遠的他方。她一生最快樂的時候在小說開始不久就過去了。那是一場在侯爵宅邸舉辦的舞會，舞會中她第一次窺見上流社會的排場，和一位子爵跳了兩支舞，冰鎮的香檳令她打顫，旋轉的舞步令她頭昏。然而包法利夫人只是小鎮醫生的妻子，不屬於那上流的社會，一轉眼她就得和那奢華的生活告別。

但一個晚上已足以決定她一生眼光仰望的方向。艾瑪‧包法利開始明白原本的生活是多麼的無趣，她對丈夫的懷疑更深了。「一個男人，難道不正是應該樣樣事物都無所不知，樣樣技藝都無所不精，應該能教你領略激情的魅力、生活的真諦，教你洞曉世間的種種奧祕的嗎？」可她的丈夫偏就不是這樣的人。對丈夫的反感，天天助長著對情人的愛情。她的愛情是對平庸生活的厭棄，是對她所不能擁有的奢華的愛慕，是一種永恆的面向他方的仰望。

包法利夫人寧可受苦，不願平庸。她對愛慕她的人說：「最可悲的還是您我這樣，不死不活地過著一種毫無意義的生活，您說是嗎？要是我的痛苦能對另外某個人有好處，我想著這是犧牲，倒還會感到一點安慰！」她的愛情有點宗教奉獻的意味，只要能將她的命運與某種崇高超越幻想的聯繫在一起。這是後宗教時代的愛情故事，當不成聖女的聖女夢。

福樓拜在包法利夫人身上看到的是無數同樣尋不著出路的靈魂，他曾說過：「我可憐的包法利夫人，此刻正在法國二十多個村子裡受苦、哭泣。」在南太平洋台灣的夜裡，我好像也聽到同樣輾轉不眠的聲音。

## 意外VS.美德

戀人們的相遇與分離，經常讓我們覺得愛情無理可循，是最不能控制的意外。畫家卡蘿說，車禍與丈夫是改變她人生的兩次意外。前者導致她的傷殘，後者，馬不停蹄的外遇使她悲傷難忍。

安娜‧卡列妮娜具有一切美好的德性。她是仁慈的，見到跳鐵軌自殺的人便問能為死者的遺孀做些什麼。她也是理性的，她的兄長婚姻出現問題時，仰賴她調停。至於美麗那更是不用說的了，即使已婚且育有一子，當她身著一套樸素的黑禮服出現在莫斯科上流社會的一場舞會上，年輕貌美的公爵家小姐吉蒂頓時相形失色，軍官伏倫斯基的眼光從此在她身邊糾纏不去。

安娜‧卡列妮娜屬於美德與節制的世界。她的丈夫是政壇重要的人物，他們的婚姻基於相互尊敬，更甚於愛情。她的生活沒有意外，直到伏

倫斯基莽撞闖入，對她說，「我們不是做天下最幸福的人，就是做天下最不幸的人」，那專斷與決絕感染了她。安娜·卡列妮娜，她開始感到她在人人稱羨的婚姻裡，是不滿足的了。

一旦愛情這意外發生，又能怎麼處理呢？安娜·卡列妮娜性格中的平靜，是完全給破壞了。愛情使她原本的生活，成了最虛偽的狀態，每一天都是無法忍受的謊言。上流社會的耳語與眼光偵察著她與伏倫斯基的一舉一動。最初安娜的丈夫卡列寧選擇漠視一切，保持體面，主張「我們的生活應當一如既往，照舊進行」。這當中除了他原本性格裡的冷漠與僵硬，還有拒絕意外的專橫：「我不可以得不到幸福，而她和他也不應該得到幸福。」直到安娜幾乎在生產中死去，他決定寬恕，在寬恕中他才終於得到自己一人的幸福平靜。

丈夫得到了幸福，安娜卻不能。她要是在生產中死去，一切也許都還簡單，愛情還能保存在最美麗的一刻。可是時間總不如人所願，安娜活了下來。她放棄了一切，為伏倫斯基離開聖彼得堡。這孤注一擲的愛，卻成為毀滅的源頭。上流社會對這樁不倫之戀的詆毀，使她身心俱疲。她處處揣測著別人怎麼看待她和她的愛情。她開始歇斯底里地嫉妒，不能忍受伏倫斯基那種單身軍官的生活。她原本的美德，全在這樣的愛情裡扭曲變形了。

究竟是愛的意外力量太大，還是人的美德與性格太脆弱，禁不起撩撥？「愛——，我之所以不喜歡這個字，因為它對我的含義太多了，比您所能夠理解的要多得多啊！」當伏倫斯基初次對安娜表白時，安娜如此聰明優雅地回絕了他。那時，她可曾想到，愛的一層含義，是對穩定狀態

的消解。愛砸開了她原本密合的生命，使她像傷口一般地敞開，命運的風聲呼嘯而入。終於她站在宿命的月台上，火車進站的時刻，縱身一躍，眼前比從前任何時候都光亮，接下來的昏暗，也比任何時候更無盡漫長。

## 當下即真實

在熱戀的人們眼中，愛情的意外，是新生的開始。愛情改變了周遭一切事物的意義。小仲馬的《茶花女》，主角亞芒在與巴黎名妓瑪格麗特的定情之夜後，簡直想不起在那個晚上以前，他是怎麼生活的。

茶花女瑪格麗特接受了亞芒的愛情。但她長期過著浮華奢靡的生活，身上背了一堆債，亞芒的收入養她不起。她希望亞芒當個溫順的情人，讓她繼續由那些伯爵公爵供養，但她保證真心只留給他。瑪格麗特希望她的情人愛她，但不多心懷疑，不妄想控制她的生活，不問問題。她說她要她的情人具備三個條件：信賴，順從，謹慎。

但愛可以有多少力量？能不能將「現在」這唯一確定的時刻無限延伸？此刻的愛，足不足以令人忘懷戀人的過去，一同對抗搖搖晃晃的未來？

亞芒不是茶花女理想中的情人。明知道瑪格麗特對其他人都只是逢場作戲，他偏要去入那些戲。發狂的嫉妒把他逼向墮落的深淵，一離開茶花女的房間，他就開始猜度她的下一個情人。「男人啊，無條件地獲得了長久的情愛還不滿足，還要逼著他們的情婦把現在，過去，未來都交代清楚。」瑪格麗特在故事剛開始時這樣慨嘆，她的洞見後來成了真。亞芒無法放過任何一刻分離、蛛絲馬跡的不忠，他把整個未來押上現在的

賭局，並且像個賭徒一再毀棄改過的機會。

茶花女瑪格麗特很快就放棄了她預設的理想情人，真切地愛上了亞芒。她容忍亞芒的嫉妒，願意為他改變自己的生活。她與恩客們決裂，遷居鄉間，典當家產還債。但這一切並不能保證她和亞芒之間的未來。亞芒的父親來到巴黎，威脅著與兒子斷絕關係。茶花女犧牲自己。誤會這最古老的愛情殺手終於介入了兩人之間。

誤會還沒解開，茶花女的生命已經到達盡頭。臨終前，看護婦瑜利目睹她為思念所苦，寫道：「我不能長保留這些悲哀的印象，因為我的生命不屬於我，正如瑪格麗特的生命不屬於她一樣。」小仲馬為這悲戀故事寫下的註腳，竟是如此的虛無。真切的悲傷與真切的歡愉同樣易逝。在愛情裡切膚感受的焦灼與煎熬，嫉妒與不安，狂喜與痛悔，於經驗發生的當時那便是全部，世上再無更真實的可能了。但如此真實卻也有配額用完的一日，有一天愛與苦都像照片一樣褪色了，我們都成了電影《記憶拼圖》（Momento）裡的男主角，在遺忘邊緣拼湊著意義。

### 信愛情猶如土壤

只有馬奎斯，讓愛情面對了永恆。

《愛在瘟疫蔓延時》裡，阿里薩從年輕時便愛著富家千金費爾米納。但費爾米納沒有愛上他，她嫁給了一位醫生。他等了五十年，等到醫生過世，再度追求她。終於，一對老邁的情人，帶著臉上的皺紋，身上老年人的氣味，花白的頭髮與搖搖欲墜的牙齒，一起上船開始一段航程。

這是小說中從未出現過的一種情人。他們老了，但他們的愛情還沒經過時間淘洗。死亡近了，但愛情不受威脅。「他們的感覺不像新婚夫婦，更不像晚遇的情人。那頗像一下越過了夫妻生活中必不可少的艱苦磨難，未經任何曲折，而直接奔向了愛巢。他們像被生活傷害的一對老年夫妻那樣，不聲不響地超脫了激情的陷阱，超脫了幻想和醒悟的粗魯的嘲弄，到達了愛情的彼岸。因為長期共同的經歷使他們明白，不管任何時候，任何地方，愛情就是愛情，離死亡越近，愛得就越深。」

他們在船上拉起了霍亂旗，以便可以不靠岸，不入港。藉著傳染病的遮掩避開世人的眼光，與岸上的現實。問問他們打算在船上待多久？他們以老年人的篤定回答：「永生永世。」

也許生命中絕大部分的事物都無可挽留，而愛情不過是那許多消逝的事物當中，最令我們錯覺為永恆，為純粹，因此也最為它的逝去扼腕的一種。即使如此，愛情仍是可信的。在小說中，在現實世界裡，我們選擇相信愛情，如聖艾修柏里的柑橘樹相信它腳下的土壤──「倘若柑橘樹在一塊土壤上深深扎根，並累累結實，那麼那片土壤，便是橘樹的真實。」聖艾修柏里，小王子的作者，在《風沙星辰》中曾經如此寫道。

有多少棵橘樹般探尋生根之地的靈魂，就有多少真實。包法利夫人的真實是她穿戴昂貴衣物出門的偷情星期四。安娜‧卡列妮娜的真實是她的孤注一擲。茶花女的真實是她為愛做出的犧牲。聖艾修柏里的真實是小王子對一朵花的思念。在時間的大敘述裡，我們呼吸愛情，像橘樹伸展葉脈，用樹皮運送水分，開出細小的白花，結實，長出一圈又一圈的年輪。　　　　■

本文作者為作家。

# Part V

## Creative Writing

# 吹出一顆心的形狀

# 浮潛在愛情的七色果汁

文／李康莉

## 愛情是紅色。

愛情是紅色的。

咻！　　愛情像一顆子彈穿越。

紅髮蘿拉，跑過所有的偶然、跑過所有的必然、跑過所有猶豫的瞬間、跑過黑衣修女道貌岸然的臉、跑過銀行的交易鐘響、跑過命運之輪的所有號碼。

沒有考慮、沒有但是、沒有等一下、沒有明天的考試、沒有下週再議、沒有甘特圖、沒有房貸、沒有「我股票套牢」、沒有「請先領取號碼牌」、沒有年假十四天。

「你愛不愛我？」「你愛不愛我？」答案不對，我就會死。

砰！死了。血流了一地。……

Replay！再跑一次。

砰砰**砰砰** 愛情除了心跳，什麼也不是。

## 愛情是薔薇色。

愛情是薔薇色的。

愛情是所有少女的革命。

把臉色發青的爸爸關起來。把尖叫的佛洛伊德關起來。把來抓搖頭丸的警察關起來。

愛情來過,這裡沒有好女孩了。而愛情是沒有罪惡感。

愛情是尖叫。愛情是把門用力摔上。愛情是重金屬。愛情是Alanis Morissette、愛情是Fiona Apple歇斯底里顫抖吶喊。

「愛你愛到死,要死一起死。」愛情是世界的盡頭。

愛情是瑪格麗特的大蘋果,佔滿了生命的整個畫面。至於愛情的後面,所謂漫長的人生,只是腋下鬆弛抖動的肉,和麥克傑克森一張垮掉的臉。

愛情是無法接受其他的可能性。愛情是絕對。

愛情是所有的林黛玉。愛情是被蟲吃掉的花。愛情是ＭＴＶ裡美麗又憂傷的Alicia Silverstone從懸崖上一躍而下。……

愛情是芒果冰的季節來臨,一排絕望的草莓,狠狠把自己咬出血來。

愛情是薔薇色的。

## 愛情是金色。

愛情是金色的。

克林姆筆下的戀人是金色的,奢華又脆弱。戀人在金色的光芒裡親吻、交融,互相吞蝕。那是終極的愛。

愛情肇生時,不可言說的純粹,也像一道金色的光。

「凝結的時間／流動的語言／黑色的霧裡／有隱約的光。」

在發生與未發生之間,時間凝結了,渾沌被鑿穿了一個洞,世界成形。

但一切又如此迷濛、美麗、不可捉摸,無法用既有的感知或貧乏的文字描述。

愛情帶領我們通向神祕的未知,像一首詩的誕生。

酷愛金色的詩人說:

「大雨不停的年代／我把妳帶進被窩／在鐘乳岩支撐的／夢的洞窟裡／忘情刻鑿我們袖珍的文明與情話。」

於是在避世的角落,連夢境都會發出金色的光。

愛情是宇宙誕生時的顏色。愛情是金色。

# 愛情是藍色。

愛情是藍色的。

打開，把眼睛打開，把耳朵打開，把脖子上的領帶打開，把不敢看見的自己打開，把雙腿打開，把你和鄰人中間的十道鎖打開，把你僅有的羊放走、把你支撐在懸崖上的手放開、把你唯一的鰓打開。

你看見樹的顏色，你看見風的顏色。你看見大海。你看見天空。

你就是天空。

愛情是愛上對方的贅肉。如果她是胖的，胖是美。如果她是瘦，瘦是美。

如果她有孩子，你會愛她的孩子，如果她有小狗，你會愛她的小狗。如果她愛上另一個海洋，你會當她的舵手。

你看見美、你看見醜、你看見崇高、你看見猥瑣。你看見魔鬼倒下、你看見天使倒下、你看見你自己倒下。

呼吸，深呼吸，世界在你體內呼吸。

因為愛過，你看見藍色。終其一生，你保有一種想哭的衝動。

# 愛情是綠色。

愛情是綠色的。

多年以後，所有被命運操縱的人偶，在一個有星星的夜晚，走到窗邊。

啊，曾經的淚水，已經結成了一片美麗的綠色的海洋……

「曾經在蘇花公路上想像一個畫面
車子在轉彎的地方滑出了路面
即將衝進太平洋
在落海之前這五秒鐘要做什麼？

我要打電話給你
聽你說——喂
然後你可以聽見海藻的聲音 魚的聲音——」

# 愛情是黑色。

愛情是黑色的。

黑色，犬儒者的顏色。

還在愛來愛去？
「要愛儘管去愛。反正是捕風捉影。」
黃碧雲筆下的佛來明哥舞者說，「嘿
嘿。」
跳舞是真實。身體是真實。汗是真實。痛
是真實。但愛情的語言充滿謬誤，有愛或不，
非常懸疑。
所以舞者萊泛愛拉只跳舞，不談戀愛。生
命只能用理性與節制去理解，沒有其他。生命
只是不斷舞動，沒有其他。
那沒有愛怎麼辦？
萊泛愛拉會說，「沒有愛也沒有失望。」
萊泛愛拉會說，「嘿嘿。」

# 愛情是灰色。

愛情是灰色的。

灰色是無法定義的模糊地帶。是有手指但還
沒有腿。
是看見豬走路，卻還沒吃到豬。
是一場要下不下的雨。是池塘裡一尾滑溜溜
的鯉魚。
是介紹時全部通稱「朋友」。
是核爆後一朵倖存的玫瑰。

山田詠美年輕的時候是紅。熱情。絕對。紅
得像是潔白馬桶上的口紅印。可能是過了中年，
體力變差，野獸邏輯變成模糊理論，開始供奉起
灰色的太極拳美學。
灰色是白色的床單上出現紅色的唇印，但巴
掌聲遲遲未現而且易碎的玻璃杯都還健在。
畢竟丟枕頭可能會壓壞眼鏡、畢竟明天還要
準時上班、畢竟哭腫了眼睛，還要請假很麻煩。
畢竟離家出走，這個時間沒有公車……。
畢竟不想一個人孤獨到老。
畢竟。
紅色是生是死。灰色是昏迷狀態。
在說與不說、離與不離、愛與不愛之間，還
會記得先把臭襪子拿去洗。
人生就這樣經過。

# 虛擬單身

文／陳思宏

妳覺得身處亂世，嘴裡含的竟然不是因為妳的口水而膨脹的雞雞，而是遠方一個下著大雪的沙漠，沙漠裡沒有人沒有鬼沒有駱駝沒有小王子，只有一個大立牌：「單身有罪」。難怪妳覺得口燥，滿嘴苦澀的沙，碎一口，吐出滿地的撕碎的日曆，日期倒敘上一次妳做愛的時候，台北盆地變成納莉湖，妳從說要自由的前男友的二樓公寓搭上橡皮艇，船划過東區，妳覺得和整個城市就要一起被淹沒，然後船上的黝黑阿兵哥看了妳一眼，至今，妳還記得他的咖啡色乳頭。

不過是起床口臭髮亂皮皺月經快來，妳就對一切開始懷疑。更糟的是，妳開始想著過去，不不不！還有更不可①自拔②原諒的，妳開始照鏡子。妳覺得鏡裡的自己是Frida Kahlo自畫像《毀壞的圓柱》，身體裂開巨大的痛楚，畫裡面的愛奧尼亞圓柱裝上了電池(啊……金頂的)，在妳的體內不斷翻騰。氣象說今天還是沒雨，但是妳覺得下部有洪水蠢動，諾亞開始建築方舟，妳沒有分到船票，遠航的名單上，妳是淹死的那個。妳手壓在洗手台上，突然想到據說城市裡有人因為洗手台爆裂而命喪，妳趕緊退到牆邊，牆壁的冰涼舔過背脊，磁磚躺起來就像是堅硬的男人，妳的指尖往下遊移。

ㄗˋ ㄨㄟˋ ㄕˋ ㄅㄨˊ ㄉㄠˋ ㄉㄜˊ ㄉㄜ
**自 慰 是 不 道 德 的，**

ㄒㄧㄠˇ ㄆㄥˊ ㄧㄡˇ ㄅㄨˋ ㄎㄜˇ ㄧˇ ㄒㄩㄝˊ ㄜ
**小 朋 友 不 可 以 學 喔。**

妳的指尖被此起彼落的哨音給制止，單身已經有罪了，妳竟然還開始不道德，這個失眠一夜之後的早晨，妳第一次真實地感覺到卅歲。

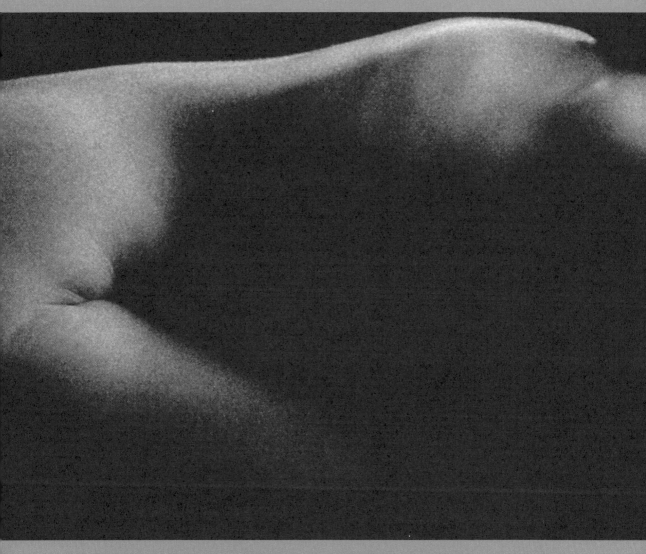

真實，妳嘴裡的沙漠用盡所有的牙膏還是刷不掉。身體裡開始挖掘一個不見底的礦坑，探底再探底，十八歲丟處女的那天，那個雞雞一分鐘就過期，廿歲的生日，那個胸前長毛肚皮像地球儀的教授給妳生平第一次高潮，隔天妳跟著一群同學到了教授家，師母拉著妳說跟她好投緣，廿四歲說要結婚，那個人終於問妳要不要，但是妳前幾天還在網路上仔仔細細地看著一個徵友廣告，妳知道真正的妳還沒準備好，於是妳繼續再繼續，這個男人我愛妳那個男人我想要娶妳沒見過的男人從妳寫的電子郵件就認定妳真正想要的男人只愛妳的身體有好感的男人只愛男人不能愛妳，妳妳妳妳，多年來妳把自己變形成圓形方形，只為了迎合不同男人，最後妳在星期六的夜晚看著《慾望城市》把自己哭成不規則形。

妳好真實地活過卅年，不要了啊，妳要一個

理想，妳不要就是不要千萬不要萬萬不可面對真實，地平線不再是一條天經地義的平穩，妳用力尖叫跺腳翻滾，地平線變成妳死去那一天心跳在醫院機器上面的最後幾秒顫抖，生命變成太平間的一條平線之前，妳要一段起伏的心跳波浪，不不，是海嘯。但是這裡哪是妳能建構的真實，妳追尋了幾千個日子的真實其實也追尋了妳幾千個日子。但是妳到底要什麼？一個如英國演員Colin Firth外冷內熱有日本足球隊的中田英壽的臉龐做起愛來像球場上汗濕而且呼呼叫的阿格西還有還有髮型就是要像金城武，這是妳要的真實，每天醒來床的另一邊躺著、昂揚的雞雞把棉被隆起小山丘的真實。

妳突然發現，妳所謂的真實是個科學怪人。

科學怪人是被拼湊出來的，那個死人的頭縫在這個臭屍的脖子上，手臂、大腿、雞雞、屁股，還有妳最愛大口大口吸氣聞的男人胳肢窩，都像是妳國中家政課做出來的那個醜娃娃，縫線處好明顯，處處是傷疤，妳還抱著娃娃睡了好多年。妳多年來把性幻想的對象拼湊堆砌起來的那個追尋，沒有走進真實的定義範疇，是虛的呀，是虛，的，呀。

啊哈！是虛的呢！

這是這個早晨的大發現，牛頓之於引力，妳之於虛。

新大陸就在眼前了，還沒收帆靠岸，妳就趕緊跳進海裡，虛擬大地我來了(是嗎？妳不會游泳？那就水母漂一路到底囉)。妳跑進廚房拿起一把刀割開真實與虛的楚河漢界，妳投誠虛，單身的卅歲，妳決心虛擬妳的追尋，亞哥號揚帆啟程，這艘尋找金羊毛的船終於有妳的位置，妳不再是淹死的那個。

虛擬第一步，妳要建造一個妳自己專用的cyborg，半人半機器，半有機半電池，妳喚他賽伯格。妳躺在床上，慢慢褪去睡衣，來吧來吧！妳要訂製的賽伯格外表要先成形，妳自認仍保有幾分姿色，妳要的虛擬總不能不帥，畢竟身為外貌協會的死忠會員，妳總可以盡情膚淺不管內在不要敦厚就只要好看。阿格西、中田英壽是一定要加入的成分，汗水是妳每次傍晚去台大籃球場看年輕男子脫去上衣打球的最終目標，記得有位男人問過妳女人怎會主動求歡？愚蠢的五秒男啊，他並不知道女人也可以慾深如壑，那年輕緊實的汗濕肌膚在籃球場上互相撞擊的畫面簡直證明了上帝的存在，所以妳好喜歡看美國男同志A片，俊帥的大雞雞捅進又圓又翹的屁股，喔咿啊啦嘿，性根本不需要台詞，做就是了嘛！所以妳要的虛擬必須是運動員的四肢還有發達的汗腺，汗水洪流股奔流，妳在其中水母漂。

然後就是植入晶片了，妳的賽伯格必須懂音樂，妳做愛的時候最喜歡放Sarah McLachlan的歌，那首〈冰淇淋〉，妳的賽伯格必須要在妳高潮的時候大聲唱出：

Your love is better than ice cream.

Better than anything else that I've tried.

妳多年來信仰的愛情就應該是這個樣子，冰淇淋甜膩誘人也比不上愛情。但是那些妳睡過的男人都不知道誰是Sarah McLachlan，都不知道妳在高潮的時候腦裡老是吟唱著這首歌，他們只喜歡妳尖叫的樣子，以為那就代表男性持久的超高能力，其實妳只是不敢相信自己怎麼願意跟這樣一個不懂妳的男人做，還不如去訂做一個會唱歌的按摩棒，所以妳大叫，身體的歡愉和腦子的不敢置信都被尖叫活埋。所以這個小晶片只植入這

首歌，在妳高潮翻騰的時候，妳的賽伯格大聲唱歌，終於妳有人跟妳一起尖叫，簡直琴瑟和鳴。

這樣哪夠？重要的性徵還未出現，黏上複製陽具之前，這個賽伯格根本沒有性別啊。突然妳思考著性別的問題，原來賽伯格的性別這麼簡單，雞雞／陰道＝男／女。啊哈！真是簡單，比起妳之前每天追尋的真實簡單太多了！妳要複製廿六歲那年和妳有過一夜的那個白人雞雞，包皮割掉的直挺挺白斬雞那晚和妳做了五次，妳不過是要試探自己情慾的延展度，意外發現自己最激烈的全身痙攣，其實妳根本不記得他的臉，但是他的雞雞變成了妳日後品嘗雞雞的標竿。

最後是電池，總是要有點環保意識，所以要太陽能的，況且妳愛在燈火通明的地方做愛，妳喜歡看清楚性的每一個步驟，那緩慢的插入，堅挺一公分一公分滑入妳身體的那種節奏，妳最愛十五公分，完美的十五拍。

電池裝上，趕緊閱讀說明書：

1. 賽伯格勃起的速度端看使用者的興奮度，賽伯格的假陰莖會自動偵測使用者的性指數，調整其堅挺度。

2. 賽伯格的持久性可任使用者任意調整。

3. 賽伯格在性愛中所發出的聲音和話語可以事先調整。

4. 賽伯格聽從使用者指示，變換各種體位。

5. 賽伯格在性愛結束後，會向使用者說聲：「我愛妳。」

6. 啓用賽伯格，使用者等於同意「賽伯格宣言」http://cyborgmanifesto.org/。

7. 請盡情使用賽伯格，享受虛擬的真實旅程。

妳開始尖叫了，〈冰淇淋〉開始大聲播放，突然這虛擬的高潮不像是虛擬啊！妳腦中閃過好多畫面，妳體內有個引擎開始發動，帶妳跑過好幾個不肯承認寂寞但是真的好寂寞的夜晚，帶妳經過那個妳真正深愛過的男人(誰？哪個？妳突然好不確定，只記得為他傷心了好幾年……)，帶妳參加大學室友的婚禮，好朋友那天看起來好美也好遙遠，她臉上的那個確定的表情怎麼從來沒跑到妳臉上過？最後引擎帶妳來到了衡陽路上的藥房，RU486，妳一直怪著那個不要小孩的男人，但是妳其實也不敢要，小孩變成血水從妳胯下流出來，原來殺人這麼容易。

遠方有噪音逼近，慢慢大聲。在妳高潮頂點的時候，妳全身血液衝破腦門，啊啊啊啊啊啊啊，妳的肉、骨頭、神經、器官，還有妳不確定自己有沒有的靈魂全部在妳的尖叫聲中衝了出去，剩下一張皮，軟綿綿地躺在這個卅歲的早晨。遠方的噪音此時破門而入，對著妳吼：妳真的就打算一個人？

妳發現自己依然身處戎馬亂世，千軍萬馬從妳身上踐踏而過，賽伯格棄妳而去，妳沒有打算，但終究一個人。

這個早晨，妳發現自己虛擬出來的一切，和孤獨一樣，無比真實。∎

本文作者為作家。

# 春天在夏天遇見他

〔小說〕鍾文音

鳥。

然而後來的命運誰也不知究竟這一切的發生是死神的嘲弄還是愛神的眷顧？

\*

陳芙，發音不準的人叫他陳腐，他反正無所謂，他想叫他冬天也行。那年他二十五歲了，是期望高飛的年齡，雖然什麼是高飛他未必知曉得真切。沒有永恆，只想高飛。

他覺得自己夠老了，第一次有想要做點事的念頭時，她來到了他的生命。

她幽幽如鬼的沙啞，緩緩在他臉上吐了一口煙，他聞著薄荷菸的女性氣息，「誰對我好我就跟誰。」她說，兩道墨色近綠的濃眉下卻有一張白皙近乎無血色的臉蛋，眉色如春，面龐如冬，

他從來沒遇過這樣的女人，她不要他太愛她，且要他保證不那麼愛她，她才願意這麼地愛他。

過而不及，他卻寧願選擇過，而她當時寧可要不及。

他說她是愛情的鴕鳥。她說他是愛情的刺

怪異的並置。這怪異的兩種並置一如他，他看她一眼就知道他自己成敗毀譽皆和她分不開了。他喚她春天，因為他自己已經是發霉的冬天了。任何人跟他在一起，都會沾到陳腐的氣息，名字洩漏了宿命的密碼，他當時並不願面對。

春天來了，秋寒尾隨其後。事物趨向陳腐之前，是一片綠意茂生，繁華光影，可之後呢，之後呢，他真是絕望。有愛情的時候竟比沒有愛情的時候絕望。

可春天並不絕望，她覺得自己是個完整的人，她是春天，那是他的說法，實則她對於自己的想法是四季，事物循環在她身上就已經完成，愛情榮枯所通向她心的所在是最軟也最硬的兩端。

一個完整的女人，還會需要另一個人嗎？

但她還是接受了這個暱稱，她想至少在這浮游人世，有人願意叫她春，願意大聲吶喊她春天，這已經是愛情的初衷了。

不過有時當她一個人發呆眼神飄忽時，她會想起陳芙，她想到他的不是他宿命般的陳腐，而是她願意臣服在他身上的原因。想到這原因，她那輕忽帶著薄倖氣息的臉龐淡淡地笑漾開來。

夏天時節，一家位在山城市街上的一家咖啡館常見到春天的身影。她喜歡咖啡館的二樓，鋼鐵般的陽台護欄角落是她慣常坐的位子，這個位子可抽菸可倚牆，望出去是街景，可供遺忘，女人在街上努力地展現身體語言，商家櫥窗亮著釣餌，螢光橘螢光綠螢光藍交錯成一個流行體系，互相碰頭成符號，然後再瓦解成碎片，碎片再重組，意義再獲得語言。她想這就是愛情的發生與崩離，兩個符號組成有機體，但她還是嗤之以鼻，她吐出煙，認為自己的符號是個完整的個

李重重《女人》

體，不需遇合，不需對撞。夜裡十時，春望著對街的商家陸續一一鳴上熄燈號，她閉上眼睛通向黑暗的汪洋，待她眼睛張開，她見到她的眼前多了個人影，人影如黑貓，在黑幕背景下透著湛藍如波的眼神，身影背後有個螢光綠十字架，十字架的下方寫著屈臣氏。

「沒抽菸的位子了。」他的態度僅是告知，不是詢問，說著低頭吃著蛋糕，喝黑黑的濃縮咖啡，連蛋糕都是黑色的一片森林在她眼前。春細細地看著突如其來的眼前風景，吸引她那輕忽目光能夠聚焦的原因是她的詫異，她一直以為男人都不懂甜食的，男生吃蛋糕和吃方糖的態度沒兩樣，「糖很暴力。」她一直相信哲學家說的。可這個男人在吃的時候卻有一種像是舌尖往心最深與最淺、最軟與最硬的地方品味之緩慢與悠揚，她當時覺得在整個細細的對望裡她的心突然像座生機處處的花園，埋土的種子一一向上竄，春漾於胸，遇風媾合，迸開綻放，頓時她酥軟鬆遢，也想要被他一嘗。

「妳是春天。」他突然從黑森林的凝望裡抬頭，眉眼一拋丟了句話給正在發散著春之氣息的她。她當時笑得很開心，像糖花，卻不知這糖真的很暴力。她在糖的溶化中乍然忘了愛所施於生命的重大影響，那影響足以徹底讓她完整的四季只遺寒冬，葉落泥地換滿陳腐。

起先她臣服於他，果然她成了他的屈臣氏。那只是起先，像所有人間愛情戲碼，起先都是飽滿熾熱，再之苟延殘喘，後繼無力，死亡休克。

出發點和回歸點常常是變異的。

她發現她和他只是兩個錯置的存在偶然，春天和陳腐。

「錯的就是對的。」他強烈地告訴她，並企圖和她一起回溯曾經的甜美。「曾經在我是苦的。」春吶喊了這一句話後，她騎摩托車走了，一路眼淚灑在風中。

那晚，她痛苦地發顫，不知為何。她拿著螢光棒在蹲馬桶時搖晃，周遭一片漆黑。和他一起瘋狂聽演唱會時買的螢光棒在她手中被左右搖晃著，眼前沒有舞台，只有他的照片炯炯地射了過來。

說要遠離一陣的是她自己，她只能選擇背離，要不然她會一起和他燃燒。「妳根本沒種。」他罵她怕痛就不要跟他，「對，你有種，你當然有種。」她指著他的身體說，頭痛欲裂，不禁蹲下雙手抱膝。原本一個輕飄飄的人會激烈說出這樣的話語，連她都開始痛惡起自己，愛的雙方已互相拔劍。

「你毀了我，你真棒。」她想起這話時，她正在加油站打工，分派的工作是站在街上持螢光棒對著來車搖晃示意，當她在搖著螢光棒時，她覺得身體的速度跟不上靈魂的意識，她覺得肉體像檳榔西施，靈魂像個先知老者。

她無神無采地只是搖著那根棒子，心裡想著陳芙。他是個抗壓很弱的人且善忌，他的善忌用一種奇怪的方式展現，當他看到她趨向別人會大發醋勁，她覺得和他在一起開始有橫豎皆不是之感，她成了他的俘虜，她開始破碎，開始迷惘於自己的性別屬性。

最後一次破裂導因於春和一個男人在一起。

＊

原本春並不打算回溯曾經的，可這一天醒來，在照鏡子時，她擦著頸項的乳液，帶點橘木

葉香的乳液讓她想起他身體的氣息。香氣似乎引領某種呼喚，她隨著香氣的走位，手指沿著細白孤瘦的頸項攀爬而下，觸摸到一塊突起物，家族遺傳的基因讓她直覺是瘤。

生命的尾聲突然在這一天的早晨鳴了鐘。

而身旁另外的那個男人也早已離去。

這瘤讓她思念起曾經，曾經裡的他，雖然她已然腐朽，可她想要趁生命還有些力氣時緬懷腐朽前曾經的華美，她此時此刻願意再度臣服沉浮於他那如熊的溫暖懷抱。

於是她騎著摩托車瘋狂地越過幾座橋，尋至新店山上，幾彎幾拐，熟悉的山路山風吹拂，她想來是對的，生命不要有遺憾啊。走進熟悉的大廈，大廈管理員阿伯說春天小姐怎麼妳消失了這麼久？「是啊，也好久沒見你了……陳芙在嗎？」春勉強有禮地回應。

阿伯搖搖頭說，「搬好久了，」他不是很專心地說，「之前看搬家公司來搬他的東西，之後就沒再見他了。」說著又轉頭用手忙著調整電視機的室內天線，螢幕一陣清楚一陣如光波跳動。

「那我可以上樓看看嗎？」春邊說邊逡巡著和他出入三年的愛巢。山上水氣濕濃，她大力地聞著，感到青春的哀愁佈滿全身，她再次體驗到這是她的愛，愛所帶來不得不面對的宿命。「不好吧，有別人住呢。」阿伯說。

她想起和他相遇的咖啡館，那裡的人也許知道他的去處，又或者他就在那裡。

春去時，他人不在。但她往櫃台背後的玻璃櫃探去，心就有了熟悉的安然。他愛抽的雪茄菸盒還擺在玻璃櫃內。

咖啡館櫃台換了個秋麗如朝花的女人，當她問起他時，女人明顯地露出敵意的一種又關切又強裝不經心的態度。

「他晚上會來。」女人說。

春點了杯雙份的濃縮咖啡，心在等待時一點一滴地隨著天光枯了。

他就這樣率且帥地在昏黃的天光下飄進了屋內，不妨那一剎那春打了個盹。「春天來了！」他的心緊恍地暗叫一聲，還是咖啡館女人去搖著春的臂膀。

春醒來見了他，手還撫在那個突起物上，那突起物像顆斗大的淚滴掛在頸上。

兩人無話。闊別一年，陳芙的激情似乎淡了去。

他瞟了咖啡館女人一眼，然後緩緩問春：「到我的地方？」春點頭。

騎摩托車，一路山風吹著。拐進群山內的一棟公寓屋內，進門春大力地聞著氣味，「你移情別戀了？」

「她叫什麼名字？」聲音裡沒有忌妒，春想自己不過是個不久人世的人罷了。

「她叫華麗。沒有她，我早死了，妳那麼突然地決定離開，我幾乎和死亡已經照會過。」他躺在懶人椅上攬她到身旁。

「妳是太輕忽，輕忽到一種鬆懈不在意，讓我捉摸不定。」

「你太過激狂，太過投入，投入到近乎一種暴烈，我全身都快跟著爆裂成碎片了，且我常有腐朽的痛觸感和窒息感，所以我才離去，而且我當時對自己感到迷惘。」

「妳現在還會寧可選擇不及？還是寧願過。」

「中庸不行嗎？」春問。

「中庸？」他嗤之以鼻，「妳是退縮假裝沒事的貧乏還是真的做到了中庸？」

換春不語。她開始懷念躺在他溫暖臂膀的懷抱，她想要是戀人都沒有爭吵那該多好。

「知道明天是什麼日子嗎？」春仰頭問。

他摸摸其頭作神祕笑而不答，髮絲如海藻的春，讓他又有了觸到愛情之感。他摸到她的頸間有個突起物，「咦，妳變男人了啊？」他口吻戲謔眼神肅穆地問。「我想到寂寞身後事，想到的竟都是你。」

戀人有了絮語，這是懷念之夜，終於無憾，春要在她病發的死前來看他。

生日這一天早晨，他神祕的拿出禮物送她。「你怎麼知道我會在一年後尋來？」她拆開禮物見是一條方絲巾不禁惘然地問道。

「靈魂深交過的戀人都會心有靈犀，但小心這種靈犀是很燙心的。」

她像往常在特殊節日時幫他洗身洗髮，她藉著洗，可以達到快感。

沐浴後，彼此懷抱。

眼見他下午英文補習班的課就要遲到了才火速地起身。

「好久沒騎摩托車了，」他扭轉著鑰匙，發動著，「騎摩托車就會想到妳……」

她目送他騎上她的摩托車，給了他一記甜美如糖的飛吻。

騎上路後，正午的陽光赤辣得讓他睜不開眼，騎摩托車的一整片光亮的天空罩頂，瞬間他想起了卡謬《異鄉人》裡的荒謬人生，又想起春天的懷抱，兩相對比，他喚起了自身長久既幸福又悲哀的氣味。

入夏的初熱，安全帽內的頭髮乾燥得好癢且露在帽外的長髮有一種乾硬的糾結狀，他悠悠想起上午春幫他洗頭時似乎用錯了洗髮精，「她還是那麼迷糊。」心裡一陣心疼，感到一陣溫風襲掠。一陣大風突然讓他瞇了眼分了神，就在這時一輛砂石車超車迎來而他未見。

未久，春的手機響，是她媽媽。她母親還以為她仍然住在新店山上附近，大聲嚷嚷著，電話裡響著警鈴救護聲之類的聲調。春突然一陣心驚膽跳，但還是吃著上午慶生的黑森林蛋糕，緬懷著上午窩在他懷抱的氣息，氣息裡有濃於她五倍的菸味飄逸著，露華濃的洗髮精飄散在空氣中，她的臉上綻著笑。「妳得小心走那條公路，剛剛我開車經過看見有個人蓋著白布躺在那裡呢，真是嚇死我了。」

幾個小時後，她到加油站上班前，她握著早晨被他用來私刑於她的螢光棒發出一陣謔笑後，就在她打開大門時，屋內的電話響起。

是咖啡館女人。她說，他死了。

她空空然地拿著電話筒。片刻裡還不知真相的嚴重性似的空白，且忌妒了片晌：為什麼另一個女人是第一個知道訊息的人。

他死了，在她的生日，在她的回歸日，她的生日成了他的忌日。

她終於接收了他所有的陳腐，以未亡人之姿。

她的母親知道他的事後，才明白那天所見的死亡車禍就是女兒所愛的人。「女生愛女生，難怪啊……妳們這樣是作孽啊。」做母親的尖叫著

並且還打了一下如槁木死灰的女兒肩膀一記，罔顧那女臉上掛著的哀傷神情。

一刻鐘後，春也朝她母親吶喊了起來。

＊

咖啡館女人希望來殯儀館探望他最後一面。春感同身受華麗的痛楚，她點頭以了然的眼神凝視她。

洗屍工人小心地只稍稍打開他的臉龐一角給那女人瞧，女人卻悍然地要求工人暫時退去，工人不解地離去，似乎在說著：「都撞成這樣了有什麼好看的呢。」她覺得男人都不懂，不懂女人的細節，他們怎麼會知道她要和他獨處一晌的時空意義。

女人拉開白布，不驚不怖地望著他被削去一半的肉身，她急切地翻著剩下一半軀體的右腿下方私密處，像在尋找貴重物體的鷹眼射穿著腐肉般的神態。陡然地她那哀傷的容顏有了笑意，一個刺青著箭穿過的「love」字猶然在她眼前熠熠生輝，那是他們之間相處過的愛之信號。

她以無限柔情觸摸著，突然她的身體撲上了那一半的肉身，於是他的模樣像是有了全身般。

咖啡館女人走出洗屍間時，渾身都有著陳腐的藥水氣息，她渴望被他腐朽的這一刻終於來到。

「糖是暴力。」她想起他在她的咖啡館裡吐出雪茄菸味時緩緩說著這句話，然後縱笑地說，「這是一個叫做春天的人向我說的。」她吻著他的半邊臉，淚水滴在他的殘顏，她望著那殘顏，定定地望，瞬間她覺得此生的華麗已全給了眼前這個她所最深摯愛的他，而不是婚約上和身分證欄上的那個他。

幾天後，春收到醫院的檢查報告，她頸上的瘤是良性。她可以保留這個瘤，瘤的突起狀讓她突然像長了喉結似的。

她的聲音依舊沙啞低緩，但她終於接受這個突起物，她成了男身，這回她相信他在她的身體了，他們合而為一，她明瞭以前自以為的完整其實是不敢面對的破碎。

愛的本身原來是一種及物的活動，愛人即使不相見，愛依然儲存在愛人的心之地窖裡，夜裡發出骨頭相撞般的喀啦喀啦響，那是愛的深層呼喚，只有愛過者才能獲邀進入這座私人的陵寢。春的瘤讓她的頭從沙堆中抬起，直視他這棵腐樹，再深深地刺了進去。她也成了刺鳥。

冷風吹起時，人們會見到春天繫了條絲巾在如樹枝般的頸上。

陳腐就這樣給了春天。

而華麗只好黯然離去。

不過，故事後來據好事者傳述春天又遇到華麗，兩個人且住到了愛人的公寓，她們忽然覺得能夠愛上同一個人是一件很奇妙的事，這意味著她們也很相似。「一起回味他總比獨自回味他來得不寂寞呀。」咖啡館裡，兩個女人互抽同一支雪茄向客人說著，口吻就像在說著一椿久遠的童年往事般。

「誰對我好我就跟誰。」春天撇頭大力吐了口煙補充說道。　■

本文作者為作家。

# OKWAP *i66*

## 空中書城

### 隨時 隨地 隨心閱讀

透過OKWAP i66通往「空中書城」，
只要輕按一個小鍵，
您即刻進入一個美好的私密空間，
享受品味的閱讀樂趣。

- 一萬冊以上優質電子書供下載
- 五十種以上暢銷雜誌讓您隨身帶著走
- 精采有趣的漫畫、動畫
- 實用的名家簡訊例句文庫
- 文章分類簡明，即時更新

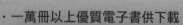

0800-588-080 www.okwap.c

# Part VI
# Relationship
## 愛情，是兩個人的事

# 愛情，是兩個人的事……

愛情是兩個人的事。

沒有標準答案，只有相互定義。

有些愛情轟轟烈烈、有些柴米油鹽。有時愛情是一起玩樂、瘋狂、喝酒、打屁。

而多半的時候，愛情只是坐在床沿抽根煙，靜靜過生活。

而愛情總是一個微笑、一雙肩膀，讓你分享生活中的好與壞。

七對戀人，七段不同的relationships。當他們用眼睛看見彼此，我們也看見了愛情千變萬化的形狀。

採訪整理／李康莉

攝影／何經泰

## 管管 & 菁菁

【認識】
在一個朗誦詩作的場合認識。
管管後來用宣紙寫了一封情書，像是飛鴿傳書那樣捲起來，
裡面畫了一個新光三越，說讓我們在大樓頂上摸星星、用雪作冰淇淋。⋯⋯

【職業】
管管：詩人，兼陶版畫家。菁菁：美術設計，
現在專心帶「＋＋」（我們的兒子）。

【關係】
夫妻。菁菁：他是我的乖寶寶。

【喜歡和討厭】
管管：菁菁的臉形和體態很美，和《大路》裡的茱麗葉塔一樣，
有一種瘋瘋的設計家味道。
有時候她頭一垂，楚楚可憐，像一朵蓓蕾，讓人忍不住去呵護。
菁菁：喜歡他獨特的氣質，給我一種很華麗、幸福的愛。
不喜歡他進廚房，那是我的地盤。

【共同歌曲】
菁菁：剛在一起的時候，我作的歌：
小朋友見個面、行個禮、拍拍肩膀摸摸頭、捏捏鼻子、口對口、
放個屁你再走、回家遇到大狼狗，汪汪汪汪汪！

# Lena 楊玟 & Nicolas 葛浩博

【認識】
因為兩個國家（法國和台灣），一本雜誌（《美麗佳人》雜誌），
一個共同的好友，一次關於台灣選舉的話題。

【職業】
Lena：一個決心（不知能不能）要用右手寫詩，
左手算數的女性雜誌社長。
Nicolas：一個夢想成為骨董商的記者。

【關係】
Lena：比知己相知更深，比親人關係更密，比情人感覺更濃烈。
Nicolas：無法度量，無法用時間想像，完整，超越一切之上。

【喜歡和討厭】
Lena：喜歡他對每一件事的認真與狂熱，充滿正義感；
討厭他握著方向盤時的急躁。
Nicolas：討厭她有時令人無法承受的輕率，
讓生活陷入不平衡的狀態；
但正因她有這些缺點，讓她更有魅力。

【共同歌曲】
〈Samba Lando〉。
第一次聽到，是在智利北部高原大沙漠湛藍夜空下的Acatama。
帶不回那個讓我們想定居的小城，我們帶回了這首歌：
Samba Lando, Samba Lando, que tienes tu, que no tenga yo……
（森巴藍朵，森巴藍朵，你擁有什麼呢？我一無所有！）

## 陳俊志 & 小灰

**【認識】**
在京華城開幕的折扣期間，為了搶同一件衣服，不打不相識。
後來一起去頂樓的誠品男廁補妝，
偷看到對方有植村秀的古銅色粉底，發現又是同好。
之後互相留電話。

**【職業】**
俊志：紀錄片導演。
小灰：多媒體動畫設計師、電音DJ。

**【關係】**
砲友（只69，不10喔）。
姊妹淘。兄弟（難過的時候，比較會安慰人的當哥哥）。

**【喜歡和討厭】**
俊志：喜歡小灰把家裡弄得像電音魔堡。
喜歡他打呼的聲音很均勻。不喜歡他裝Man又裝得不像。
小灰：喜歡他非常天真，沒有台北人的世故，
而且隨時可以跟音樂的節奏起舞。
不喜歡他太愛嗑搖頭丸，每次我都要在旁邊照顧。

**【小孩】**
俊志：小孩像惡魔，想把他們捏死。（小灰：你這個魔女！）
小灰：嗯，如果找代理孕母，
還讓她一直聽電音，可能會流產。

**【共同歌曲】**
凱利・米洛〈Can't Get You Out of My Head〉
（superchumbo todo mamado mix）。

## Nicky & Bubble

【認識】
和朋友一起出來玩的時候認識的，感覺彼此很相像。
【職業】
Bubble：學生。美術系。Nicky：學生。資管系。
【關係】
超自由派二人組。And...Sunny Couple
【喜歡和討厭】
Bubble：喜歡她的隨性，和充滿陽光的笑容。
不喜歡她有時太跩，但也跩得很可愛。
Nicky：喜歡她的單純，還有跟我一樣的個性：
做事的時候很認真，玩樂時又很自在。
【祕訣】
默契超好。「載著妳彷彿載著陽光，不管到哪裡都是晴天。」
常常會冒出一樣的話，想到同樣的事，
想去同一個地點，唱出同樣的歌。
【共同歌曲】
周杰倫的〈簡單愛〉：我想就這樣牽著你的手不放開愛，
能不能夠永遠單純沒有悲哀，我想帶你騎單車，
我想和你看棒球，想這樣沒擔憂。
唱著歌，一直走，我想就這樣牽著你的手不放開。

## 淑芬 & 一軍

【認識】

茫茫北美大陸上的一個小house。

淑芬兩年前到加拿大拜訪朋友，認識了一軍。

一軍當時是從中國大陸去的留學生。

【職業】

淑芬：出版社編輯。一軍：電腦工程師。

（未來還不確定，變化中。）

【關係】

新婚夫妻，兩個禮拜前剛在台北完婚。

是理想主義在現實中的嘗試。

【喜歡和討厭】

淑芬：討厭和喜歡同一點，認真和固執。

一軍：一樣。認真和固執。

【祕訣】

相互欣賞、相互容忍。

【共同歌曲】

淑芬：尋找中。我們沒那麼浪漫啊！呵呵！

（一軍：現在老啦！）

《本張照片由新娘提供》

## 宋厚寬 & 張天惠
————————————
【認識】
學校社團——明倫高中（親愛的劇團）戲劇社。
【職業】
學生。
【關係】
情侶。
【喜歡和討厭】
厚寬：喜歡她體貼我，了解我。喜歡她很漂亮。
討厭她常打我。
天惠：喜歡他體貼，喜歡他上台朗誦的時候很精采。
（厚寬：要說「帥」啦！）討厭他講一些很無聊的話。
【祕訣】
天惠：他很讓我。厚寬：男生就多讓一點囉！
【共同歌曲】
哈林的〈情非得已〉：難以忘記初次見你，一雙迷人的眼睛，
在我腦海裡，你的身影，揮散不去
握你的雙手感覺你的溫柔，真的有點透不過氣……

## Judith & Alan

【認識】

去學游泳的時候，認識了早就是游泳健將的Alan。
有一天，我們一起去山頂看星星，夜空中有流星飛過。
他問我：「你看到了嗎？」我說，「我看到了，你呢？」
他說：「我也看到了。」一切就不同了。

【職業】

我以前是服裝設計師。
Alan生病之前，一直在銀行擔任高級職員。
他在1995年罹患一種罕見的腦部遺傳性病症，一年後過世。
我現在是社會工作系的學生，大部分的時候在醫院擔任義工，
傾聽並幫助家屬度過悲傷。

【關係】

Alan是我永遠的soul mate。有他的愛，我可以去任何地方。
（我先生在這裡喔，只是你們看不見他。）

【共同歌曲】

Alan走的前兩天，輕輕地哼起The Beatles的〈Let it be〉，
其中的message是：有一天，我們一定還會見面的。
那是他給我的message，也是他所遺留給我最好的禮物。

# Judith 和 Alan 的故事

文／郝明義

2001年2月底的一個早上，陽光非常好。我清理從年初就忙亂成一堆的辦公桌，翻出了一封用特製的紙張，手工折出來的信。

素未謀面的郝明義先生：您好！我有點不相信自己真的提筆給你寫信。可是，直至目前為止，大大小小令一般人覺得奇怪的事，我也做了不少，也就不妨加上這一次吧！……

信是從加拿大寄來的，信末署名Judith，我聯繫上她，透過電話和email，開始有了接觸一個故事的機會。

□

我（Judith Lam）出生於印尼坤甸（Pontianak）。四歲移居香港。曾在日本東京文化服裝學院留學三年，之後一直從事服裝設計師的工作。1987 年決定離開香港，因為不相信人生只有工作一項，亦不認同大部分香港人的價值觀；與當時還是男友的Alan討論，他願意放棄在香港所建立的一切和我去加拿大，令我大大地感動。1988 年結婚，隨即移民至加拿大多倫多，一年半之後因丈夫的工作關係到溫哥華定居，而我繼續從事服裝設計師的工作，人生一切看來皆美滿如意。

的確，那是Judith和Alan最快樂的一段日子。後來我和Judith終於見面之後，好幾次看她從皮夾裡掏出她和Alan的四張照片，非常甜蜜又proud（這裡用這個英文字最能傳達那種感覺）地說：「這是春。這是夏。這是秋。這是冬。」

他們幸福的日子到1995年出現了變奏。那年4月，Alan開始失眠，而且手腳輕微抽搐。5月，失眠的現象逐漸嚴重，不時有全身不自主的抽搐，工作時會忽然陷入半睡狀態，聲音也開始變得不太一樣。到6月，他有時連續幾晚都沒法入睡，真的睡著了，又有夢魘，並且在睡夢中做出奇怪的動作，全身的抽搐也越來越嚴重。進入7月，Alan 視力開始出現雙重影像，經常無故出汗，體重巨幅下降。10月，Alan既有的病情變本加厲，新病徵則層出不窮：他開始有輕微失憶，吞嚥困難，也開始見到幻象，甚至開始講些奇怪的話。有好幾次，他肯定自己是春秋戰國的將軍。

這段時間他們雖然轉診許多醫院，做了許多檢查，但始終找不出病因。10月初，朋友介紹一所大學醫院內最好的腦神經科醫生，為Alan作為期一週的精密檢查。這時，Alan開始夢遊，記憶開始錯亂，不太會寫字，講話也出現困難。更壞的是，有時Alan連Judith是誰也認不出了……

唯一的進展是，到10月底的時候，他們終於知道Alan得的是什麼病了。

□

Alan得的是一種極罕見的不治之症。長期以來，這個病一直在神祕之中。因此，當1982年Dr. Stanley Prusiner發現了病因之後，他甚至得了諾貝爾獎。但是直到今天，這個病也只有一個病名，叫作「家族性致命失眠症」（Fatal Familial Insomnia，簡稱 FFI）。得了這個病的人，身體的器官會逐漸退化，連大腦也會退回幼

年期，最後直到心臟和呼吸停止運作為止。而今天的醫學，除了提供病名，以及知道這是由一種病毒所導致，也導致某一個基因起變化，進而遺傳下一代之外，無法提供任何幫助。

由於極為罕見，到當時為止，全世界總共才只有十四個家族出現過這種病歷，且全都是白種人。Alan是第一個在醫學上被記錄到的黃種人。

那天，Judith聽完醫生的解釋，她記下了這樣一段過程：

我沒有辦法阻止眼淚一直流，可是又不能不聽醫生很長很長的指示。

在走向停車場的時候，我不得不抬頭問Alan一句話：「你怎麼能夠那麼鎮定，控制自己的情緒，而且一滴眼淚也不流的呢？」一臉祥和的Alan淡淡然地說，「因為眼淚改變不了事實。」

□

1995年4月Alan病發，10月底證實所患的是絕症，到1996年3月21日，春天的第一天，就去世了。在等待死亡降臨之前，他們所採用的方法，是比較輕鬆和充滿笑聲的一種。由於Alan的心智一路逐漸退化，所以他們幾乎是以重度童年的方式，陪伴Alan走完人生最後一段路程。

Alan走了之後，Judith陷入了憂鬱症的深淵。歷經四年才恢復回顧這件事的心情和氣力。

而Judith會想到寫信給我，原因是：

希望藉著個人的體驗，支持及幫助遇到相同的人生考驗的朋友們，讓他們明白面對死亡不一定只是悲痛而已。……我不希望把這件事忘掉，也不希望它靜靜地無聲無色的淡出；我希望可以把這個事情和大家分享，即使有傷痛的成分。

□

Judith要講的故事，她和Alan怎樣「輕鬆和充滿笑聲」地面對死亡的過程，已經另外寫了一本書，即將出版，這裡不再多談。我要說的是她和Alan的一段故事，發生在Alan去世的那一天。

□

Alan住進安寧病房（hospice）的第四天，已經不能講話、進食，而且呼吸沉重，不斷出汗，肩以下的身體開始變冷，手指甲腳指甲全都是紫青色。護士覺得他捱不過這一天了。

只是Judith感覺到Alan的心境其實很清晰，任何事情都瞞不過他。

言語，在那時也沒有存在的必要。我只要把他的手輕輕拉住，就可以開始用心交談，比說話還要清楚，還要明白對方意念。人與人之間，很多時候反而因為語言造成隔膜和誤解。

在這個情況下，他們在努力地撐著一件事情，等Alan的媽媽和妹妹從香港趕來溫哥華，見Alan最後一面。

他們等到了。接下來，Judith是這樣說的：

我想我是有些累了。Alan的媽媽也提議我回家休息，讓她們來看守Alan就好。我回家梳洗，吃過晚飯，才再回到病院。

還沒走到Alan床邊，媽媽就對我說：「Judith，這裡我們來照顧，你可以回家去了！」我的心一沉，今夜很可能就是Alan最後一夜，不明白為什麼媽媽會這樣說。我答道：「媽，我剛來，可以跟Alan見個面嗎？」媽媽離開房間，留下我和Alan。

當時我的思緒很混亂，本來今晚打算留在Alan身邊，看來是沒辦法了。我該怎麼辦呢？我握著Alan的

手，用內心和他說：「Alan，我很想留下來陪你，可是現在的情況，看來是不允許我逗留。如果你希望我留在你身邊，請給我一點提示，我會想盡辦法留下來，好嗎？」等了好一陣子，完全沒有感受到Alan的任何回應。那時我只感到四周空氣非常沉重，氣壓很低。腦內混沌一片。

看來該是我離去吧？再和Alan說：「Alan，我沒有感受到任何提示，會不會你也希望我回家去呢？那麼好的，有媽媽和妹妹在你身旁，我也很放心，她們會好好的照顧你。如果你累了，今晚要走的話，我會了解，也不會不高興，請你好好上路，一切小心，保重。可是，我親愛的Alan，如果你還想再見我，和我多講些話，那麼，明早八點，我再來看你，好不好？」我想，如果這是Alan的意思，那也很好！Alan媽媽與我們分開了一段日子，應該多讓他們相聚才對。我親了親Alan，跟他說拜拜，心情很輕鬆的準備回家去。

夜班的男護士G看到我要走，很不解很驚訝的問：「你肯定要回家？看Alan的情況，他今晚是真的隨時會走的呀！」

「房間內太多人了，太擁擠。」我說。

「你可以在客廳守候呀！」G善意的提醒我。

我微笑，說：「謝謝你。可是，要是不能守在Alan的身邊，那麼，我情願回家，沒有分別的。」G似懂非懂的點頭。

和媽媽道過晚安，C&D載我回家。為了幫助睡眠，我泡了熱水浴，接著還打了通電話到紐約和朋友聊天，掛上電話時，已經是凌晨一點多。我想我還是快點就寢，明天才會精神飽滿。

朦朧中我張開眼，看到一些奇異的東西從窗口飄入房間。那是五位一體透明淺灰藍色類似絲帶的浮游物體，中間一個，左右各兩個，每個的長度大概12公分，寬約1.5公分……它們在房間上方盤旋，然後飄浮到我胸口上方，和我的臉相距不到20公分。我從沒見過這麼怪異的物體。我在腦海中問自己：「這是什麼東西呀？

你不要告訴我這是靈魂，飛來跟家人話別的呀！太離譜啦。不可能的！」然後，這群物體再飄到天花板，接著，我聽到了一個男聲，用英文說：「See, she is sleeping. (看，她在睡覺。)」我再自語：「誰呀？是講誰呀？是講我嗎？對呀，我正在睡覺呀！」太不對勁了，我再跟自己講：「Judith Lam，你最好不要胡思亂想，快點給我睡，明天還有很多事情要忙呢。」正想著，這一群物體在上空繞了一圈，輕輕地飄到窗口往外飛，然後消失了。

我看著這一切發生，感覺奇妙又真實，可是也慶幸那些不知名的物體終於消失。再一次我告訴自己：「好了，好了，現在什麼都沒有，你也不用亂想，還是快點兒睡吧。」電話，就在那時響起。當時大概是凌晨兩點過後。

妹妹從病院打電話來說：「哥哥剛走了。」


□

愛情的極致是什麼？魂牽夢縈的終究是什麼？超越時間空間的是什麼？輕語低語無語不語之外的又是什麼？


□

聯繫了一年多，Judith終於在今年5月來台北和我見了面。

不論是在email裡講Alan的故事，還是當面敘述，我都可以感受到她混合在笑聲中的淚光。

時間已經過去六年，雖然Judith已經確認那就是Alan來跟她道別，但可以感受到她和她的Soul Mate（靈魂密友）並沒有就此離別。

Judith用手比著那五條絲帶樣的物體，在她眼前浮游的情境，然後，她的眼淚終於迸了出來：「我能有Alan這樣一位先生，真是太幸運了。」

這是Judith和Alan的故事。　　　　　　■

Part VII

How-To

愛情森巴秘笈

# 7種愛情關係的How-To

編輯部

## 1 如何不開始一段愛情？

**難度達攀登聖母峰等級！請務必到此參加行前說明會！**

「另外一半」不是隨便一半，不是只要有一半就好。柏拉圖先生一早就告訴我們，愛情要追求的重點不但是那一半，還要是美好的那一半，就像一個人覺得失去了手、腳，固然想早早找回來，但是如果找到的是腐壞的手腳，那還不如沒有的好！就像圖畫書《The Little Piece and the Big O》裡面畫的，小三角形跟正方形就是合不來，還是要找到缺了角的圓才能happily ever after，因此如果你感覺自己就是缺了角的圓，在遇到使你圓滿的小三角之前，還是學著做個快樂的缺角圓比較好。

許多人受不了情人節、聖誕節或除夕夜裡成雙成對的情侶，為了「還是會寂寞」就接受自己也許並不愛的對象，這不過是自欺欺人，用長痛換短痛！一年365天，令人難熬的節日不過三兩天，沒有必要為此勉強自己、牽拖旁人。在你單身的日子裡，多交幾個意志堅定的獨身主義朋友吧，讓朋友發揮朋友的功用——失戀時安慰你、單身時陪伴你，有朝一日真的遇到合適的對象，再請他們來當伴郎或伴娘。

### No 十種應該避免的錯誤

1. 為了有個伴可以過情人節，就在身邊添一個可愛可不愛的人
2. 颱風夜或地震夜，驚魂之餘，自憐自艾之餘，就想找個人在一起
3. 明明覺得他不對你，看他追得努力，卻動了惻隱之心（對女人而言）
4. 跟砲友出軌，想當「負責任的男人」而成婚（對男人而言）
5. 任「一夜情」演變成「假愛情」
6. 看到朋友都成家了，或受不了長輩的催促，就隨便找個對象「安定下來」
7. 參加太多婚禮，為了想把禮金賺回來而自己也辦婚禮
8. 在其他地方受了壓力，就想找愛情來彌補
9. 為了隱瞞自己的性向而交友或結婚
10. 經常去看梅格萊恩的電影

### Yes 十種享受單身的方法

1. 多交幾個抱定獨身主義的朋友，當作所有「兩人節」的解藥
2. 不急於和異性單身朋友從友誼跨為愛情
3. 不小心跟鄰居或異性朋友發生一夜情之後，依然能夠坦率維持原有的朋友關係
4. 耳朵長繭，不要理會長輩壓力與社會輿論
5. 在自己的興趣上投注更多的心血，期望自我的豐收
6. 交幾個無傷大雅的網友／養幾隻特別難纏的寵物
7. 男生利用充氣娃娃／女生記得在冰箱裡預備一條小黃瓜
8. 多聽聽朋友的愛情／婚姻失敗經驗，鞏固自己應該單身的信心
9. 閱讀報紙社會版，想想情殺的可怕
10. 養成強烈的自我意識和自利性格

## 2 如何開始一段關係？

**常有誤觸地雷慘案發生，操作手冊如下列。**

第一印象很重要。不但要適時放電，還不能用力過猛。如果太過殘暴，可能讓人心生恐懼。太有親和力，可能一輩子都無法從「哥兒們」的角色翻身，而平白斷送自己的前途。而如果說錯話，或剛好犯了對方的大忌，也不會有下次了。根據我們的迷你田野調查，最令人感冒的類型如下：

### 十種令女人感冒的男人 No

1. 會說「你豬頭啊……」的幼稚男人
2. 連小費都要計較、平分的小氣男人
3. 不懂得珍惜、認為你做什麼都理所當然的男人
4. 腿短還穿著垮褲、露出內褲、自以為帥的男人
5. 念對方聽不懂的詩的男人
6. 沒認識多久就隨意放屁、開始出現摳牙齒行為的男人
7. 開口「女人就應該……」的沙文男人
8. 像橡皮糖一樣黏人的男人
9. 會說前女友壞話、好像全世界欠他的草包男人
10. 「你給我記住！」經不起虧、搶女生台詞、缺乏幽默感的男人

### 十種令男人感冒的女人 No

1. 「送我去……」喜歡佔人便宜、利用人的女人
2. 太過得意，隨意炫耀自己真實交往數字的女人
3. 酒量太好，不醉。打保齡球時又全倒。不懂為男性保留自尊的女人
4. 指甲油掉了一半，卻不清理乾淨的女人
5. 以為全世界都暗戀她的自戀女
6. 見一個愛一個的花癡
7. 污辱對方喜歡的NBA球員。或看足球的時候不懂裝懂，大發謬論的女人
8. 不說話，裝「淚的小花」。或太有禮貌，假笑、裝矜持的女人
9. 「幫我開門？你是在歧視我嗎？」處處捍衛女權的女人
10. 吃什麼？「隨便」，點了又不要。反覆無常的女人

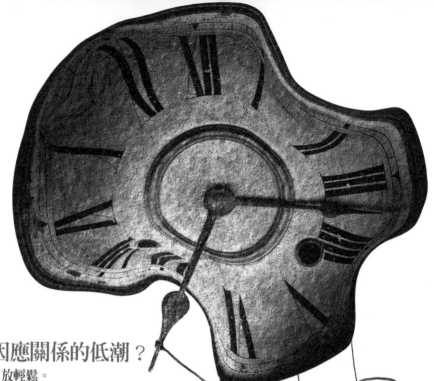

# 3 如何因應關係的低潮？
### 別逞強，放輕鬆。

愛情是從無到有的過程，往往一到手，就服從熱力學第二定律，從熱情的顛峰走下坡、漸漸死滅。除非持續的施以關注，像孵蛋一樣每天加溫，不然愛意常常會因為本季業績的低迷、股市的降溫而跟著睡著。如何讓兩人的關係起死回生，持續保有創造性和新鮮感？

## No

### 感情的十大殺手

1. 每天見面、因害怕寂寞而膩在一起
2. 不接受對方的本質、企圖改變對方成想要的樣子
3. 不信任對方、偷看對方的e-mail、跟蹤對方、索命連環call
4. 被關係的框框綁住，覺得對方「應該」怎樣
5. 足球賽開打、選戰開打的時候
6. 忽視、冷漠、理所當然的心態
7. 過度聽從對方、失去自我
8. 加班
9. 在做愛的時候分心、想到沒做完的工作
10. 裝死的鴕鳥心態（對兩人之間的問題視而不見、不溝通）

## Yes

### 讓愛情起死回生的十大妙方

1. 短暫分手、不強求
2. 適時釋出選台器的持有權。兩台電視。兩個房間
3. 在心理上先徹底拋開關係的既定形式，重新發掘對方的意義，和相處的可能性
4. 重視對方求救的訊號
5. 共同敵人的出現，ex：家長的反對、地震、戰爭
6. 反省自己所堅持的原則
7. 第三者介入的時候
8. 一起去旅行
9. 發掘共同的興趣和話題
10. 自我成長，讓生活圈擴大

# 4 如何結束一段愛情？

## 誤上賊船？至少還有跳海一途！

　　愛情很像足球賽，球場上的各種狀況在情場上都好有一比。以分手為例，十足就像球賽進行到80分鐘，以1:0領先的一隊採取的「保戰果、混時間」戰術：（一）本來中場有球必爭，現在中場放牛吃草，只將禁區圍成銅牆鐵壁，於是情人奪命連環call，只當清風過耳，重要的是守緊自家大門不被暴力攻破；（二）本來對裁判每次吹哨都有意見，現在只要哨音一響，立刻大腳將球開出端線，靜聽裁判指教混時間，於是隨便親朋好友怎麼噓，反正不痛不癢，所有罪過可以隨口應承，只要不罰踢十二碼就好；（三）以前敵方倒地會故示友好拉他一把，現在多倒一個好一個，就算在地上滾三圈也假裝沒看到，於是分手也不給軟糖吃，絕不墮入柔情陷阱，讓情人傷心到極點自己打包走人是最低級的上策，反正只要不揹紅牌就好。

　　確實，數十年世足賽證明了爛贏也是贏。但是不想分手分得很醜，三天後被人攔路一缽硫酸潑得更醜，還是謹記學校教過的「運動家的精神」，除非對方是個說不通的白爛，否則還是好好談分手吧。

## 十種絕對該分手的情況 No

1. 不知不覺間會用「公司加班」或「朋友有事」的理由避免與對方見面
2. 抱著騎驢找馬，雞肋不吃白不吃的心態，拖著一段關係的時候
3. 開始覺得兩人的關係像砲友
4. 當然，已經跟別人開始交往／已經有外遇就更不要拖了
5. 開始會在心裡想「要不是因為我已經＿＿＿＿（填上你自覺做出過的犧牲），我才不……」
6. 除了「要不是在一起＿＿＿＿年了（時間自填）」以外，在這段感情裡找不到留戀之處
7. 男方老是動用暴力來解決問題／女方總是動不動就說要死給你看
8. 已經到了三天一小吵、五天一大吵的程度，而且沒有吵具建設性的架
9. 同居或已婚者，開始覺得像旅館，對方像應召
10. 一點小事就在心裡浮現「真想分手」的念頭時

## 十種分手必要的行為準則 Yes

1. 注意不要以言語或行動激怒對方，也不要被對方激怒，分手需要最大的理性
2. 先注意評估對方施暴的可能，避免給對方這種機會，保護好自己。無法和平理性分手的話，乾脆一走了之
3. 注意避免刺激對方自殘／自殺的可能，用講的講不通，不妨試試寫信或E-mail
4. 如果對方硬要自己想不開，不要因而自責，每個人都要為自己的行為負責
5. 把造成分手的原因婉轉但清楚地告白，不把「我們還是朋友嘛」的廢話掛在嘴邊
6. 談分手時絕不幫對方擦眼淚或提議來個「最後的擁抱」
7. 對方提分手，不要把自己當受害者（你要對我負責／你怎麼對得起我花在你身上的青春）
8. 在分手的不穩定期，多準備一些不太傷人的理由（公司加班之類）婉拒對方的晚餐邀約
9. 謀定而後動，不因為親朋好友的勸解又隨便重修舊好
10. 如果對方要退回你的照片或禮物，就摸摸鼻子收下吧

# 5 如何享受sex？你一直在找的單元就在這裡！

愛情不見得從吃飯牽手開始，從一夜情轉成砲友或情侶者也不少。從sex到relationship，往往要若即若離，不可操之過急，以免造成壓迫感。而不論是關係內還是關係外的性，不想被列入拒絕往來戶，都有基本禮儀需遵守。以下的守則，千萬別白目：

## 十種令男人無法忍受的做愛怪招 **No**

1. 做完愛，哭
2. 替他的小弟弟取名字
3. 才認識，就穿他的襯衫和boxer走來走去
4. 事後說「你要負責」，灌爆他的答錄機
5. 看手錶
6. 高潮的時候吹口哨
7. 再來一次！索求無度
8. 批評他的技術
9. 因為沒有達到高潮而亂發脾氣
10. 完事之後馬上起來讀書、繼續本來在做的事

## 十種令女人無法忍受的做愛怪招 **No**

1. 做完愛，倒頭就睡
2. 事後大聲張揚、炫耀
3. 不洗澡卻要求口交
4. 射精的時候，哭
5. 說妳讓我想起我媽
6. 批評她的屁股太大
7. 在上面忍住、不動
8. 不愛撫
9. 一邊做一邊照鏡子，觀賞自己的英姿
10. 事後要求女方付hotel錢

# 6 如何面對第三者？

**拒當社會版頭條男女主角，拿出你的EQ來！**

你可能覺得很怨恨，因為你和情人本來是一對清新快樂的氧分子，牽著手在時空裡碰撞，不巧撞上一個碳原子，碳原子決定來參一腳，死皮賴臉把你們變成一組二氧化碳，使你頭腦昏沉，還感覺久了會死掉。但不知道你有沒有仔細想過，快樂的氧分子也許只是你的錯覺，其實你才是碳原子，你和你的情人是一氧化碳，無色無臭但是很致命，再混下去才真的會死掉。

原來搞不清楚狀況的是你自己，於是你更加難過。但是這也不必要。一氧化碳無益身心健康，並不表示碳原子該死，只不過意味著不該強求這樣的組合罷了。

所以，如果氧一號想要腳踏兩條船，你要想想自己是不是吸二氧化碳會很high的怪胎，做過全腦體檢再答應。如果無論如何不願意答應，那就回頭對氧一號說聲「謝謝再聯絡」吧——既不喜歡一氧化碳，又不能接二氧化碳，何不勇敢掙脫化學鍵，投向廣大的空間。

## 當第三者出現，你也可以這樣想

1. 其實這種多角關係並不壞，我也可以參一腳
2. 你腦袋裡裝腎臟才會不知道我們彼此多麼相愛。我要擬定戰略把你搶回來
3. 你是真的移情別戀還是一時逃避？仔細想想我們的關係出了什麼問題
4. 我們先降溫一下，讓我好好想一想
5. 聽你這麼一說，我好像也不是真的那麼想跟你在一起嘛
6. 終於抓到你的錯處，順水推舟我們就分手吧
7. 你讓我很傷心，以後我要享受一個人的生活
8. 都已經另外有情人了，理由已經不重要，你滾吧
9. 朋友是用來幹嘛的？我要去找他們哭一下
10. 多想無益，先睡一覺，明天的事明天再說吧

## 當第三者出現，你沒必要這樣想

1. 人家說女人水性楊花，沒想到妳就是這種人
2. 果然天下烏鴉一般黑，男人都不是好東西
3. 我到底哪裡比不上個那王八蛋／狐狸精
4. 原來你說我們之間有問題全都是藉口
5. 你居然把我甩了，我要拿什麼臉去見人
6. 沒有你我活不下去，還是讓我死了吧
7. 我為你付出了這麼多，你居然背叛我
8. 你是不是從一開始就在騙我
9. 我要把你搶回來，再把你甩了
10. 等著瞧，我一定會殺了你

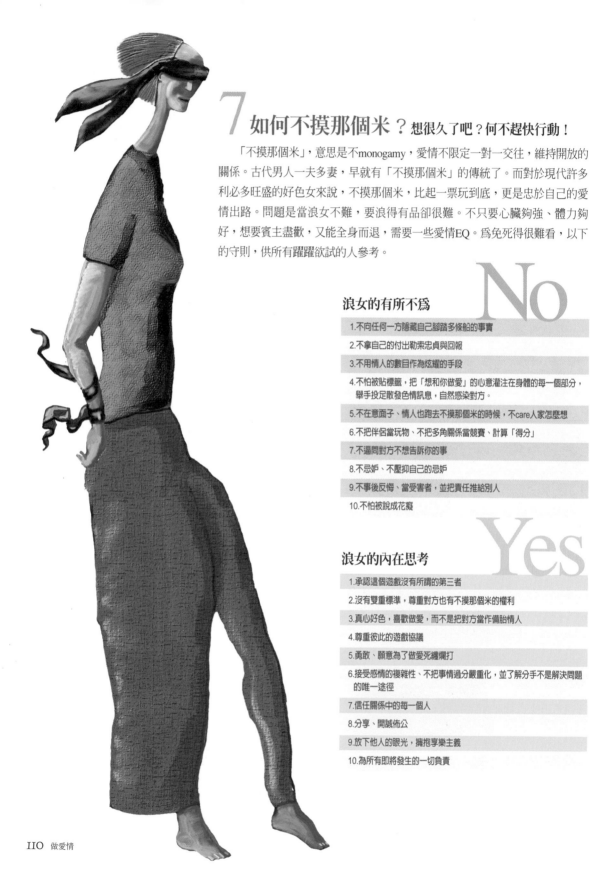

# 7 如何不摸那個米？ 想很久了吧？何不趕快行動！

「不摸那個米」，意思是不monogamy，愛情不限定一對一交往，維持開放的關係。古代男人一夫多妻，早就有「不摸那個米」的傳統了。而對於現代許多利必多旺盛的好色女來說，不摸那個米，比起一票玩到底，更是忠於自己的愛情出路。問題是當浪女不難，要浪得有品卻很難。不只要心臟夠強、體力夠好，想要賓主盡歡，又能全身而退，需要一些愛情EQ。為免死得很難看，以下的守則，供所有躍躍欲試的人參考。

## 浪女的有所不為 No

1. 不向任何一方隱藏自己腳踏多條船的事實

2. 不拿自己的付出勒索忠貞與回報

3. 不用情人的數目作為炫耀的手段

4. 不怕被貼標籤，把「想和你做愛」的心意灌注在身體的每一個部分，舉手投足散發色情訊息，自然感染對方。

5. 不在意面子、情人也跑去不摸那個米的時候，不care人家怎麼想

6. 不把伴侶當玩物、不把多角關係當競賽、計算「得分」

7. 不逼問對方不想告訴你的事

8. 不忌妒、不壓抑自己的忌妒

9. 不事後反悔、當受害者，並把責任推給別人

10. 不怕被說成花癡

## 浪女的內在思考 Yes

1. 承認這個遊戲沒有所謂的第三者

2. 沒有雙重標準，尊重對方也有不摸那個米的權利

3. 真心好色，喜歡做愛，而不是把對方當作備胎情人

4. 尊重彼此的遊戲協議

5. 勇敢、願意為了做愛死纏爛打

6. 接受感情的複雜性、不把事情過分嚴重化，並了解分手不是解決問題的唯一途徑

7. 信任關係中的每一個人

8. 分享、開誠佈公

9. 放下他人的眼光，擁抱享樂主義

10. 為所有即將發生的一切負責

# Part VIII
## Reading
# 書蟲的甜蜜時光

# 有關愛情的50本書

愛情無法量身訂做，愛情文本也是。因為經驗、口味的差異，要找到「那一本」愛情書的夢幻程度，不下於找到理想情人。多半的時候，我們在書店裡尋尋覓覓、在貧乏的文辭裡委曲將就、挑東嫌西，想著下一本會更好。為此，「網路與書」盡力搜羅古今中外、文學哲思等八大派別、50本精選愛情書單。每本書都成一家之言，對愛情有獨到、深刻、猛烈的角度。如果沒有你心目中的那一本，起碼談了50場不一樣的優質戀愛。

文／傅月庵、李康莉、鋁娃娃、傅凌、尉遲秀、Y.D.、陳小岸、錢亞東、小威、胡金倫

## 首選書

《文藝對話集》柏拉圖（Plato）／著　朱光潛／譯　（人民文學）

戀愛的人，或者，知道「愛情」兩個字怎麼寫的人，都不會沒聽過「柏拉圖式的愛情」這種說法。所以，誰能不了解一下柏拉圖談的愛情是怎麼回事呢？不然，怎麼能談愛情呢？

不要被柏拉圖三個字嚇倒。在柏拉圖近四十篇對話錄中，談愛情的主要有兩篇，一篇是〈會飲篇〉（SYMPOSIUM），一篇是〈斐德若篇〉（PHAEDRUS）。前者尤其重要。

會飲是希臘人含有酬神意味的一種慶祝儀式，慶祝的時候會唱敬神的歌，並且有吹奏音樂的女人助興。〈會飲篇〉的這一次，講的是一位名叫阿伽通的人家裡舉行會飲，找了許多人去參加，結果換了種慶祝方式，把吹笛女退下，改請斐德若、泡賽尼阿斯、厄里什馬克、阿里斯托芬、蘇格拉底五個人，各自講一段話來歌頌愛神。柏拉圖透過這五個人所講的有關愛的神話、讚嘆，以及相互的打趣與辯論，構成了一篇對於愛最早，又最影響深遠的論文。而其中最有趣，也最重要的，還是阿里斯托芬與蘇格拉底所說的對比（詳見第20頁）。柏拉圖的愛情觀，就是透過這種對比做了呈現。

讀〈會飲篇〉，不但可以進入一個由感性的神話和理性的辯證所構成的世界，柏拉圖本身的文筆，更是令人迴然不能自己。讀讀這篇文章的最後結尾吧：

「亞理斯脫頓咧，他睡著了，當時夜很長，他睡的很久，一直到天亮聽到雞叫才醒。他睜眼一看，看見旁的客人睡的睡，走的走了，只有阿伽通、阿里斯托芬和蘇格拉底三人還沒有睡，還在喝酒，一個大杯從左傳到右，傳來傳去。蘇格拉底在和他們辯論……其餘兩人不能不承認，其實都只模模糊糊地在聽，不久就開始打盹，阿里斯托芬先睡著，到天快亮的時候，阿伽通也跟著睡著了。蘇格拉底看見他兩人睡的很舒服，就起身走出去，由亞里斯脫頓陪著，像平常習慣一樣。他到利賽宮洗了一個澡，照平時一樣度過那一天，到晚間才回家去休息。」（傅凌）

*這裡推薦收錄〈會飲篇〉的是朱光潛譯的《文藝對話集》，最早在1962年譯出，後來在文革時期成為禁書，到1979年，他八十二歲那一年才又出版。《文藝對話集》裡也收有〈斐德若篇〉。

《紅樓夢》曹雪芹／著 （桂冠）

文學作品中，最不用介紹的是《紅樓夢》。討論的書已可以自成一個圖書館，所有的文學大師，包括張愛玲、胡適在內，都是紅迷。然而，無論《紅樓夢》如何被研究，它真正好看的地方，還是在它作為一本文學創作，一本最佳的愛情小說。

中國傳統小說寫作者，其實是以男性為中心的。歷史小說、武俠小說、演義公案等，都是以男人為中心，到了《紅樓夢》，才開始以女人為描寫核心。十二金釵像是為中國女性樹立十二種典型。每一種典型，因了身世、性格、才情、天分的不同，而有各自的命運。細細的了解女人，本書是一個最佳的小說。

當然。它還可以有好幾種讀法。毛澤東曾把它當政治小說，用來分析封建時代一個家庭裡的權力運作與陰謀，當然更可以放大到宮廷。有人把它當曹雪芹自傳，也有人把它當清朝的文物考證、作家研究、寫作方法等的研究題目。然而，無論要怎麼看，它首先是一本好小說。

一本好看的愛情小說。

讀者可以從林黛玉、薛寶釵的身上，看到女性的不同類型，它代表著不同的性格、才情以及可能的命運。林黛玉的性格，天生就無法在婚姻中，找到最後的安定，她天生適合當作家、藝術家。薛寶釵則是EQ非常成熟的管理者，不會讓家庭出現巨大衝突，也不會讓生命走極端，適合當太太，或者立委夫人、部長夫人。至於晴雯，當國會助理倒是不錯，不然當情婦也很棒（不惜陪你吃搖頭丸的那一種）。其他人要如何與現代社會對應，讀者自己可以去排排看，保證很好玩。（Y. D.）

《生命中不能承受之輕》（*Unbearable Lightness of Being*）
米蘭・昆德拉（Milan Kundera）／著 韓少功、韓剛／譯 （時報）

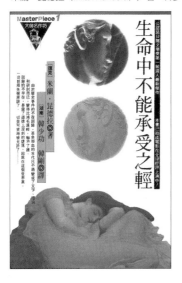

《生命中不能承受之輕》像是昆德拉對愛情一篇精彩的論文。角色們各自懷抱不同的愛情觀。有人相信愛情是一種戰鬥，有人厭戰地掉頭離去。有人渴望忠誠，有人被背叛吸引。有人不斷地外遇，有人不斷牽著他的手把他帶回來。有這麼多對愛情不同的立場，難怪會有更多的誤解。其中尤以薩賓娜和弗蘭茨這對情人為甚，昆德拉將全書第三部分「誤解的詞」用來仔細描寫他們之間不可踰越的鴻溝，來自童年記憶與成年後的經驗，兩人間的差異如同兩套不可翻譯的語言，在一本過時的辭典裡徒勞地相互對照著。

然而愛情中的差異不僅導致了誤解，更是機遇的開端。托馬斯與特麗莎在小鎮相遇，兩人南轅北轍的性格，成為決定他們後半生的重要因素。向來對愛情不忠，渴望自由的托馬斯，不知不覺間跟隨了特麗莎愛情的腳步，為她放棄移民，甚至失去醫生資格。昆德拉說「機緣之鳥落在肩頭」，愛情或許正是最令人忘我相隨的一隻「機緣之鳥」吧。

這眾家男女們的愛與慾發生的背景，是共黨時代的捷克。俄國的坦克車開上街，祕密警察偵察著人們的一言一行。歷史事件在眼前發生，轉眼又成為過去。「只發生過一次的事就像壓根兒沒有發生過。」昆德拉處理著他最偏愛的主題，輕與重，遺忘與記憶，他似乎總是在問，事件既然不復回歸，時間到底留下了什麼。「我們在沒有被忘記之前，就會被變成一種媚俗。媚俗是存在與忘卻之間的中途停歇站。」戀人們在機遇中相遇與分離，熱烈地記憶又徹底地遺忘，莫非愛情也是一個中途停歇站，也是一種媚俗？答案對托馬斯與特麗莎並不重要，當他們離開布拉格，在鄉下一同終老，無畏地迎向機緣帶給他們的結局。（鋁娃娃）

# 柏拉圖的櫻桃派

本區的選書絕對「好看」。不重感官，但深入愛情沉靜、深刻的底蘊。
是會讓你讀了之後，思索愛情的本質，並大喊「好想談一場戀愛」的純美書單。

## 《向左走‧向右走》幾米／著 （格林）

你是從什麼時候開始相信，這個世界的某個角落裡，有一個最適合你的人，將是你命中注定的另一半？也許是在小時候聽公主和王子故事的時候。也許是長大後不知不覺間，被好萊塢電影和日韓愛情劇給洗腦。一旦接受這愛情最原始的迷信，相信世上有這樣一個人，也就是追尋的旅程開始的時候。村上春樹的短篇小說〈遇見百分之百的女孩〉是如此，幾米的《向左走‧向右走》也是如此。男女主角意外地相遇，互相覺得感覺對極了，卻陰錯陽差地弄掉了對方的電話。而且不斷在街上距離沒有幾步遠的地方，眼看就要相遇了卻又錯過，只有讀者目睹這一切，替他們乾著急。幾米式帶著哀愁的成人童話，一個關於愛情也關於寂寞的故事。不過，如果不是幾米的畫風，這個故事其實超黑色的。令人想起小時候聽大人說地獄裡的酷刑，罪人口渴了想喝腳下的水，水卻退走了；肚子餓了想摘頭上的果子，果樹枝卻伸高了……天哪！難道我們已經在地獄裡了嗎？（鋁娃娃）

## 《傲慢與偏見》(*Pride and Prejudice*) 簡‧奧斯汀（Jane Austen）／著　東流／譯　（桂冠）

奧斯汀的小說筆下的女性們，穿著蕾絲洋裝，戴著花邊小帽，看似純潔無邪，不是在花園宅第裡喝著下午茶，就是在舞會中彈鋼琴或跳舞。但她們的周遭，卻流竄著種種關於婚姻的耳語。身分、地位、財產、品格……男男女女在這些尺度當中被衡量，被編進屬於他們的座標位置；同時也度量他人，也編派他人。在流言蜚語的雜音，與錯落的眼光中，愛情像一粒種籽試圖在叢林草莽中突圍，冒出不一樣的花朵。一方面婚姻遊戲是現實的算計，女性必須在其中為自己取得最大的贏面。另一方面，奧斯汀的主角們又得用心計較發掘自己的愛情。傲慢的達西，與充滿偏見的麗琪，一開始彼此看不順眼，逐漸在波波折折中互相了解，終於走進教堂，是典型的奧斯汀式結局。放棄偏見，認清對方品格的那一刻，便是麗琪愛情發生的那一刻。不過麗琪的媽媽想的卻是——終於把女兒嫁給有錢單身漢啦！乖女兒，做得好！（鋁娃娃）

## 《小王子》(*The Little Prince*) 聖‧修伯理（Antoine de Saint-Exupéry）／著　宋碧雲／譯　（志文）

「正因為你為你的玫瑰花費了時間，這才使你的玫瑰變得如此重要。」所有讀過《小王子》的人，都忘不了那朵驕傲任性卻因為小王子的付出而獨一無二的玫瑰，以及狐狸和小王子之間真摯的情感。許多戀人因此開始以狐狸或玫瑰自稱，並在對話間展開有關「馴養」的主題。《小王子》意義深邃，而對所有曾被愛情席捲的心靈，寧願單純把它看做一本美麗的愛情寓言。在星星如鈴鐺的笑聲middle，在金黃色的麥田前，所有科學、知識、金錢等外在的追求都要退居其次。而在人際交往摻雜功利算計，以交換邏輯取勝的時代，小王子超越得失，不重所有，而重付出的愛情觀格外令人心動。「人的一生不可能真正認識什麼的，除了你所愛的對象。」（李康莉）

## 《停車暫借問：趙寧靜傳奇》鍾曉陽／著 （遠流）

全書分為三卷：〈妾住長城外〉、〈停車暫借問〉、〈卻遺枕函淚〉。當年作者以未滿二十歲之齡，寫下這部「趙寧靜的傳奇」，轟動一時。背景從抗戰時期的東北到六○年代的香港，兩段情纏綿十餘年。
大時代的兒女情長，不見得有悲壯的背景，只是造就了更多的無奈與卑微。太平洋戰爭打到香港，成了張愛玲〈傾城之戀〉裡的范柳原與白流蘇；日本戰敗，卻拆散了〈妾住長城外〉中的吉田千重和趙寧靜。戰後東北依舊動盪不安，趙寧靜與表哥林爽然的一場戀情，也在社會經濟的紛亂中，接受重重考驗，見證了青春戀人的勇敢與脆弱，以及年輕愛情堅韌無比卻也脆弱無比的本質。透過東北姑娘趙寧靜看出去的世界，有著青春戀愛中人的鮮烈純淨，魅力無限。（陳小岸）

《一百首愛的十四行詩》巴布羅‧聶魯達（Pablo Neruda）／著　陳黎、張芬齡／譯　（九歌）

每一個人都曾經是一位詩人，除非你沒有過愛情。涉足情愛之人，誰沒有詠嘆不盡的高歌低語要說給對方聽呢？愛誠於中，情發於外，遂有詩。這個世界上最會寫情詩的人是誰？這個答案，隨著時代之風吹襲，屢有變動。我們這個時代，桂冠傳遞到了聶魯達手中。五十歲以後陸續寫成的《一百首愛的十四行詩》，直視人生與愛情本質，有光亮有陰影，有歡喜有哀愁。即使甜美滿足中，總還夾雜幾分苦澀與寂寥，詩人對於愛情的信心卻始終不動搖：「因為在我憂患的一生，愛只不過是／高過其他浪花的一道浪花，／但一旦死亡前來敲我們的門，那時／就只有你的目光將空隙填滿，／只有你的清澄將虛無抵退，／只有你的愛，把陰影擋住。」於是，我們有了最好的情詩跟詩人。（傅月庵）

《甘露》吉本芭娜娜／著　劉慕沙／譯　（時報）

看完這本書，你可能不清楚，愛情到底占了全書多少分量？妹妹死掉／碰傷頭開刀／記憶混亂／弟弟變成靈異小子／與龍一郎交往／去塞班島／恢復記憶／弟弟離家寄養／寄宿的純子女士出奔／交到新朋友寬麵條、梅斯瑪，四百多頁的厚書，講的就是像流水帳一般的事件。死亡、靈異、孤獨、哀愁，宛如漫畫一般的故事情節，沒錯，這就是吉本芭娜娜小說原型。而這次，帶領女主角走出孤獨，走向溫暖的，是一點一滴慢慢滲透的愛情。愛情的力量，在這本小說裡，很難看出，因為，「我想到生存就像是大口大口地喝水一樣。沒有什麼理由，就只是有這種感覺。」生存是這樣，愛情當然也是這樣，一切順理成章，隨順世緣，然後，你就會「隨時感覺到自己體內確實擁有抓取那種至寶的方法」。吉本芭娜娜如是說，如是相信。（傅月庵）

《挪威的森林》村上春樹／著　賴明珠／譯　（時報）

「請你永遠記得我。」這是戀人最孤注一擲的要求。不管你讀過幾本村上春樹，只有《挪威的森林》最能令你體會記憶的魅影，與腳下鋼索般的死生懸念。主角渡邊徹在兩個世界之間拉鋸，一邊是直子那個脆弱的，陰暗冰冷的世界，對直子的愛，與直子共同的過去、割不斷的關係，使他不斷探進那個世界裡，試圖用自己的力量拉住她，不讓她沉溺到更深的黑暗裡。另一邊，也許是更接近一般人日常生活的世界吧。但「正常」世界並不可愛，裡頭有的只是沒原則的罷課學生，擺弄統治權力的舍監，計算著自己前途的青年……唯一的例外是充滿活力的阿綠。消失在黑暗中的直子，與永遠在光亮中的阿綠，渡邊出入兩個世界，試著找到自己的平衡方式。那是殘酷的七〇年代，渡邊對阿綠說：「由於遇見妳，才使我對這個世界稍微習慣了一些。」（鉬娃娃）

# 伊比鳩魯的伏特加派

愛情，不只心靈，還有身體。愛要怎麼「做」？所有「好色」的人，
歡迎在本區放縱邪念，並學習享樂主義的祕訣。

《春膳》（Afrodita）伊莎貝拉‧阿言德（Isabel Allende）／著　張定綺／譯　（時報）

愛情始於感覺，止於感官。眼耳鼻舌意俱俱可以刺激費洛蒙的流淌。自古以來，無論西方魔法師，東方大廚師，總有代代相傳料理食物調情動慾的處方。聰慧可掬的阿言德，會說故事，更會嘗試。她跟一群朋友羅蒐西方文獻，輯輯排比，同為天底下有情人調理情慾食譜，春膳大餐小點，每一道都是有根據有來歷，真材實料做得到。「一旦精緻的晚餐做好上桌，一旦酒精神祕的溫馨與香料的引逗，進入血脈中流動，而愛撫的期待使皮膚煥發玫瑰色光澤，這時就該停頓片刻，讓戀人用一則故事，一首詩款待對方，這是東方文雅傳統。故事也可以在第一回合交接後，滿足的情侶等待神智恢復清明，呼吸恢復平靜之際，喚起下一波激情。」阿言德如是說。故事何處有？翻開這本書，滿目皆是。（傅月庵）

《北回歸線》（*Tropic of Cancer*）亨利·米勒（Henry Miller）／著 李三沖／譯 （時報）

這書因為抒情寫性真情流露太過生猛，一九三四年在法國出版後，就被所有英語國家查禁，直到一九六一年才在美國解禁。到了世紀末，這書已躋身經典之列，被藍燈書屋選入「二十世紀百大英文小說」。

這是亨利·米勒的性愛獨白，關於愛的、性的、慾的，以及生命的。

他說他可能「會唱得荒腔走板」，但他「就是要唱」，還要踩在人們「臭兮兮的屍骨上盡情的唱」。結果他唱出了本世紀最生猛有力的男聲solo。一曲真誠而勇敢的情歌（而且是色情的），一曲毫無悔恨的放浪人生（而且真的很浪）。

他真誠擁抱他的慾望他的愛。他的寂寞以及他對她的渴望築成了巴黎。他對她的愛可以直到世界末日，他對她說，「即使所有的大教堂全部拆除，整個拉丁文明被徹底消滅，她腳下踩過的那個點還是會留下來」。可他嫖妓的時候，依然聽到星星在唱歌。

性愛獨白可以狂屌到什麼程度？一個人可以縱情、可以深情到何等的深淵。亨利·米勒會告訴你。（尉遲秀）

《印度愛經》（*Kama-Shastra*）筏蹉衍那／著 王振華、安佳／譯 （風雲時代）

世間有男女，人類有文明。不同的文明，看待男女關係的態度也大不相同。古老的印度，從不把性當作一件骯髒的事。梵文裡，表達萬物創造之喜樂的字眼，與性愛最高滿足的字眼，幾近相似。印度宗教甚至認為男女交合，也是一種打坐的招式。這一切的概念，到底如何構成？《印度愛經》讓人得窺堂奧。

這是一本講求愛、婚姻跟婦道的書，然而更多的篇幅卻是光明正大地討論交媾體位、做愛方式跟性技巧。女人以蓮花趺坐姿勢跨坐男人身上，摒除雜念，靜心數息，靈魂將與肉體同時達到至高境界。這是怎麼一回事？性是一種正常的需要，如今人人能懂且可接受，但如何而能過化存神，進入神聖的階段？或者說，回歸自然之道，這本書裡有一些答案。（傅月庵）

《失樂園》渡邊淳一／著 譚玲／譯 （麥田）

「不倫」不單是日本影劇版常常出現的八卦標題，也是日本作家筆下司空見慣的情節。因此，本書所描寫的不倫，當然不可能驚世駭俗。能夠在日本和台灣均成為轟動一時的暢銷話題書，主要還是在於作者選擇中年人作為不倫狂愛的主角，以及書中對性愛的描繪——寫性愛不稀奇，但要寫得如此唯美而虔誠，幾乎可說是達到宗教境界的虔誠頌讚，的確古今少有。

54歲的出版社社長和36歲的醫學教授夫人兼書法老師，從玩票式的外遇，到交往一年後逐步走向殉情的結局。本書描寫中年人的愛情，自然沒有天真盲目，卻因年齡與世故，對感官、婚姻、愛情、性愛的本質，探索得更為透徹。男女主角歷經千辛萬苦，並沒有走向童話式歡樂結局或警世的家破人亡下場，而是勇敢效法櫻花精神——在愛情最燦爛之際攜手結束，以性命見證愛情的美好，也唏噓其中的短暫。

（陳小岸）

《中國古代房內考》（*Sexual Life in Ancient China*）高羅佩（R. H. van Gulik）／著 李零、郭曉惠等／譯 （桂冠）

世間有所謂「通人」，指的是那些天縱英明，十八般武藝兼通天生好手。荷蘭高羅佩無疑是這樣一位。他一生掌握十多種語言，中國琴棋書畫無一不通，會寫高深的考證文章，也能創作暢銷推理小說。最讓中國人引以為痛的是，關於中國性文化研究，為人所津津樂道的空前傑作竟是出自這樣一位藍眼碧髮洋鬼子手中。《中國古代房內考》期望在大量古代文獻基礎上，重現中國古代性生活場景，從上古一直講到明清，從殷墟甲骨文一直談到仇英春宮畫，主軸雖不離中國傳統性觀念的形成，旁徵博引卻涉及服裝、首飾、纏足乃至各種社會禁忌。人是歷史的產物，傳統的暗潮影響著一代又一代人。幾千年前的《素女經》，幾百年前的《金瓶梅》，到底與今日華人有何關涉？看完這本書，你或許會更清楚！（傅月庵）

# 嘿嘿笑的犬儒派

如果你聽情歌無動於衷，對自以為是的小維特充滿揶揄的衝動，歡迎加入犬儒派，
一起揭發愛情瘋狂滑稽荒謬的本質，一起嘿嘿。

## 《我談的那場戀愛》（*Essays in Love*）艾倫·狄波頓（Alain de Botton）／著　林說俐／譯　（先覺）

哲學家的有趣在於總是把愛情搞得很複雜。愛情永遠不只是愛情，戀人手上的時尚雜誌，反映了十九世紀的包法利夫人情結；和戀人搭乘同一班飛機，是重新演繹古典機率的好時機；連戀人一隻擠壞的牙膏，也有和恐怖主義接壤的空間。在風格化的插科打諢中，舉凡哲學、美學、宗教、國際政治、大型市場問卷調查都煞有介事的被挪用來理解個人的小小悲劇。戀人歇斯底里的敏感觀察，以哲學筆調冷處理。狄波頓獨到的幽默與尖銳顯然直追巴特，但狄波頓三句一鬼臉的文字魅力，在講求fun and spicy的文學時代，顯然更能搔到癢處。只是敘述者在戀愛中的冷靜與自制，把愛情當作解構遊戲，卻不禁讓人捏一把冷汗——他的戀情一定都無法持久。（李康莉）

## 《愛情盛宴》（*The Feast of Love*）查理·巴克斯特（Charles Baxter）／著　張娟芬／譯　（大塊）

愛情的迷人之處往往在於戀愛中人自我膨脹的耽溺與滿足，與愛情過後無限擴大的回憶與失落。巴克斯特卻把愛情元素中「表現主義」的主觀激情，用觀看的距離刷淡，並以多種敘述角度的並置，超越個人主義的悲劇感傷。不同性別、世代，以及階級的戀愛記憶，參差對位，錯雜鑲嵌，像是斑斕的色塊與光點。甫離婚的中年男子，拍色情片維生的年輕情侶，以及毅然奔向同性戀人的家庭主婦，都曾經歷愛情，以及伴隨而來那個在生命中無法言說，卻充滿暗示的神祕時刻。他們以有限的詞彙，描繪愛情如何在某一刻將他們的生命開啟，揭示了某種超越當下的存在。而他們的故事，像是印象派不斷纏繞流動的光影，不斷迴旋，隨著情節的推展，漸漸融合為不可分離的命運聯結。（李康莉）

## 《戀人絮語》（*Fragments d'un discours amoureux*）羅蘭·巴特（Roland Barthes）／著　汪耀進、武佩榮／譯　（桂冠）

Fragments d'un discours amoureux，一塊一塊戀人的話語，解構主義大師在那兒拆呀拆、拼哪拼的。你墜入愛河的時候不也常幹這種事？只是他玩得雲淡風輕很是寫意，你卻覺得汗淚淋漓或者撼天動地。
「你不是成千上萬次地訴說戀人的痛苦是多麼難以忍受，並且竭力主張戀人應該超脫出來嗎？如果你真想『痊癒』，你就得相信病症的存在……」
是的，病症在那兒，於是你開始把這書當解藥服用，卻發現自己深深陷入了戀人話語漫天鋪地、延伸十方的迷宮，那正是羅蘭·巴特嚮往的文體，一種放縱能指（signifiant）、喚不住所指（signifié）的書寫。巴特的嚮往不正是戀人反覆難定揪揪扎扎的心緒？只是他飄，你執。於是你一邊喫解藥，或許緩了這邊的病頭，卻熱了那邊的病灶，更或許你一邊喫著解藥，一邊還飲著毒酒。
「我愛你」／「為什麼？」／「就是這樣」／「我沉醉了，我屈從了……」／「怎麼辦」／「我瘋了」／「再也不能這樣下去了」。（尉遲秀）

## 《蛋白質女孩》王文華／著　（時報）

愛情小說不是流於陳腐，就是因為太過深入，失去和日常生活的連結。王文華的魅力即在通俗與孤高之間，殺出一條血路，開闢一種新型態的愛情語言，另創愛情書寫的高峰。於是我們發現，許多文學作品或影展電影院，都把愛情搞得太神祕了。愛情可能因為貧窮而嚴肅，但在五星級派對接吻遊戲中發生的愛情，顯然更能抓住我們的視線。90度褲子先生、蒼蠅、安娜蘇、高維修女子、蛋白質女孩，這些出沒在後殖民台北，年齡、世代、價值迥異的男男女女，都被刻意的平板化、類型化、以製造驚奇嗆辣的語言效果，自成一派時髦的愛情人類學。於是，我們隨著兩個後青春期男子的荷爾蒙動線，在歇斯底里處處打油的路面笑彎了腰，在幸災樂禍的同時，也揭露了愛情在神祕外衣下的八卦本質。（李康莉）

**《圍城》** 錢鍾書／著 （書林）

「婚姻像圍城，在外面的人拚命想攻進去，在裡面的人拚命想衝出來。」光是這句話，錢鍾書的黠慧便讓人永誌難忘了。《圍城》，與其說是一本繞著愛情團團轉的羅曼史（Romance）小說，不如說是一部追著人間真相快跑的浪蕩漢（Picaresque hero）喜劇。青年但未必才俊的歸國學人主人翁，為了討生活，在戰爭中流浪，長途跋涉到內地又轉回上海，旅途中碰到形形色色的傻瓜、騙徒、偽君子，當然，還有愛情。他要到了不少，也失去很多。他一直在尋找精神依附，但每一次的新歸宿總成了舊束縛。「人生過處唯存悔，知識增時轉益疑」。生命是這樣，愛情也這樣。錢鍾書最後很宿命地承認：「這個時間落伍的計時機無意中包涵對人生的諷刺和感傷，深於一切語言、一切啼笑。」──圍城內的愛情，錢鍾書跟張愛玲一樣沒信心，都在時間裡渙散了。（傅月庵）

# 哲學黑咖啡派

不提供愛情小說危險品。主張保持清醒，從哲學、社會學、心理學、精神分析的角度理解愛情。

**《愛情論》**（*De l'Amour*） 司湯達（Stendhal）／著 崔士箎／譯 （遼寧教育）

斯湯達爾和雨果，都是法國大革命時代的作家。雨果固然是文豪，斯湯達爾也有膾炙人口的《紅與黑》。但是他和雨果有一點很大的不同，雨果終其一生都在情場上戰績輝煌，但斯湯達爾卻因為他的身材和外貌，難以在這方面相提並論。

但是斯湯達爾對愛情始終是熱烈的。這一點可以從他的墓誌銘說他「寫作過，戀愛過，生活過」得知。1820年代，斯湯達爾認識了一位分居中的美艷伯爵夫人，展開了猛烈的追求。經歷過長期而痛苦的單戀，斯湯達爾始終無力自拔，最後把自己滿腔的熱情轉化為一本分析愛情的著作，也就是《愛情論》。一位文學大家下筆剖析愛情，其精采可以想見。於是我們看到他以獨特的洞悉力，再加上幽默生動的筆觸，把愛情分為四種，把戀愛中的心理分為七個階段，把戀人的心情做了多面的切割，把不同地區與社會的戀愛風情做了渲染，愛情，就像一幅風景展開了。（傅凌）

**《性心理學》**（*Psychology of Sex*） 赫夫洛克・靄理士（H. Havelock Ellis）／著 潘光旦／譯注 （左岸）

靄理士的《性心理學研究錄》（*Studies in the Psychology of Sex*），原始是七卷本，從1896開始出版，至1928年出齊。最早第一卷先在英國出版，但是因為實在造成太大爭議，不但遭到銷毀還被控訴，因而從第二卷起是在美國出版的。七大卷的《性心理學研究錄》，探討了各式各樣性的課題。尤其重要的是，他在研究中首開紀錄地指出：性別的決定，是和細胞裡的染色體相關。第二，提出了許多性教育的知識。第三，靄理士探討了各種當時認為是禁忌的議題。不只首先指出同性戀並不是一種病症，探討手淫，還對各種常人無法理解的性心理，譬如「姦屍」等提出了分析與說明。

這裡介紹的《性心理學》，是後來《性心理學研究錄》濃縮的版本。（傅凌）

**《親密關係的轉變》**（*The Transformation of Intimacy*） 安東尼・紀登思（Anthony Giddens）／著 周素鳳／譯 （巨流）

從現代性的觀點討論愛情關係的著作不多，男性學者更少。傅柯洋洋灑灑三大卷性史，談論的是性，不是愛，更不是所謂有過度女性化嫌疑的浪漫愛。除了女性主義者從性別的角度爬梳，或是精神分析學者深入人類意識的底蘊，紀登思從男性社會學家的角度切入「關係」的瑣碎政治，彌補了這方面的缺憾。不像結構決定論者，過於強調外在技術對個人愛情觀的操控塑造，紀登思特別提出現代主體的反思性，指出個體透過各種和大眾媒體、閱讀視聽的互動，不斷反思自己的愛情關係。舉如羅曼史小說影響了女性不斷講述自己的故事，思索個人的愛情未來。而紀登思所觀察到所謂建築在平等、民主之上的純粹愛，是摒除了婚姻、與各種外在力量的內在專注與承諾，與女性特質緊密連結，則是未來愛情關係的顯學。（李康莉）

《超越的愛》（*The Nature of Love I : Plato to Luther*）歐文·辛格（Irving Singer）／著　沈彬等／譯　（中國社會科學）

讀過柏拉圖的〈會飲篇〉之後，可以讀《超越的愛》。

《超越的愛》的作者歐文·辛格，是麻省理工學院的語言及哲學系教授。他寫了《愛的性質》（*The Nature of Love*）三部曲，《超越的愛》是其中第一部。

這本書基本上是把西方世界對愛的觀念與認知，從柏拉圖時代整理到馬丁·路德發動宗教革命的階段。換句話說，也就是整理了希臘時代、羅馬時代，以及中古時代這三個階段社會與文化中「愛」的思想之演化。對一個東方讀者，尤其是對西方基督教文明背景所知不多的讀者而言，不但可以對西方愛情思想的起源有所了解，更可以對基督教神學之脈絡也有一個起碼的認識。

當然，如果讀了這一本書還覺得興趣不輟，可以再讀按照時間序寫下來的第二部《慇勤的愛與浪漫的愛》，以及第三部《現代的愛》。（傅凌）

《性學三論·愛情心理學》（*Three Essays on the Theory of Sexuality*）
西格蒙·佛洛伊德（Sigmund Freud）／著　林克明／譯（志文）

〈性學三論〉是佛洛伊德奠定精神分析以「性」為核心的代表作，並從中發展出關鍵的伊底帕斯理論。「性變態」，「兒童性慾」，「青春期的改變」三章節均藉由臨床的診治，整理出性發展的理論架構。佛洛伊德主要將性的發展關鍵推回嬰兒期，並從兒童的成長經歷尋找日後性變態的根源。〈愛情心理學〉名為愛情，卻非討論一般愛情心理，著重在性無能、處女情結，和男人的畸戀。如今，佛氏「科學」理論已不可免的被視做「文化」的產物，其將性病理化的傾向，與正常／不正常的根本分野也已遭受挑戰。但他首創性學，讓不可言說的性浮出檯面，有其不可磨滅的貢獻。而不論他的理論是否「科學」，可否驗證，幽默精采的文筆仍然構成一本好看的「文學」作品。（李康莉）

# 大時代的兒女派

大時代的愛情故事，除了內在的阻力，還充滿外在環境的變數，精采好看，聲勢歷久不墜。
部分書單脫離了現在的情境，卻充滿復古情懷。而愛情的本質，許多並未改變。

《半生緣》張愛玲／著（皇冠）

愛情也可以很恐怖！一對姊妹。為了鎖住丈夫的心，姊姊竟然設計、默許丈夫強暴自己的親妹妹。更恐怖的是，被迫跟論及婚嫁男友分手的妹妹，最後竟然接受既成的事實，在塵囂瑣碎的孩子老公柴米油鹽醬醋茶中生存下來了。愛情是時間的函數，時間在流變，愛情在渙散，面對生活的單調寂寞，再濃烈的感情也會漸漸黯淡下來。世事洞明，一眼看破人情的上海才女張愛玲用這本小說顛覆「天長地久，海枯石爛」的傳說，男女主角世鈞曼楨重逢那一幕，是民國小說最讓人心碎的橋段。「情到深處濃轉薄」，只因為，在時間裡的愛情本質都是：「我們回不去了」；「愛到深處無怨尤」，自我拯救的方式有些自欺，卻很蒼涼：「我只要你幸福。」──幸福無處不在，但回不去的愛情裡沒有！（傅月庵）

《安娜·卡列尼娜》（*Anna Karanina*）列夫·托爾斯泰（Leo Tolstoy）／著　草嬰／譯（木馬）

完美的貴族婦女安娜·卡列尼娜，端莊，優雅，美麗。但這一切品行似乎不能保證她的幸福。她以有夫之婦的身分，愛上青年軍官伏倫斯基，導致最後悲劇的結局。不過大文豪托翁要不狠狠把時代背景寫上百萬字就不過癮，連寫愛情都不例外。安娜·卡列尼娜周遭的角色們清談著農民與地主，男性與女性角色的變化……社會正在它演變的進程上，俄國貴族社會似乎感受到歷史的推力，但並沒有採取任何行動。如同小說中一個角色這樣說過：「人民總是能意識到自己的命運的。」安娜又是否意識到自己的命運呢？也許戀人在愛情中，就像是人民在歷史演化的進程上，意識也好，無意識也好，最終都只能交託給自己以外的力量，只管繼續向前，如同盲目的旅鼠不斷地奔跑。（鋁娃娃）

### 《愛在瘟疫蔓延時》（*El Amor En Los Tiempos Del Cólera*）

加西亞‧馬奎斯（Gabriel Garcia Marques）／著　姜鳳光、蔣家曹／譯　（允晨）

愛情總有些名言。日本偶像劇《第一〇一次求婚》那句「就算五十年後，我還是會像現在一樣愛你」，不管怎麼樣看，都讓人想起加西亞‧馬奎斯這本書裡結尾所寫「阿里薩早在五十三年零七個月零十一個日日夜夜之前就準備好了答案。『永生永世！』他說。」沒錯，馬奎斯從不諱言這是一部極其通俗的浪漫愛情小說：一對青年情侶陰錯陽差，未能結合。半個世紀後，女方成了寡婦，始終獨身的情郎現身靈堂，喪禮後立刻向老婦人求婚……多麼陳腔爛調的劇情，但大師卻硬是可以把故事講得像《追憶似水年華》一樣浩浩蕩蕩，天地蒼茫。「愛情大觀」、「愛情戰鬥史」、「愛情教科書」，這是書評人之語。對於讀者而言，或許書中一句「我們一直走，一直走，一直走，再到『黃金港』去！」就足夠了。（傅月庵）

### 〈安東尼與克莉奧佩特拉〉（*Antony and Cleopatra*）《新莎士比亞全集卷五》

威廉‧莎士比亞（William Shakespeare）／著　方平／譯　（貓頭鷹）

安東尼征服了埃及，卻淪陷於克莉奧佩特拉的美貌，羅馬軍人賴以建國如膏像般的理智與紀律，都在恆河潮濕的愛欲空氣裡分崩離析。在無止境的感官放縱，歷史消失了，時間停止了。男與女、陽與陰、西方與東方、羅馬與埃及。愛情被他者滲透，權力翻轉，只剩永恆的性愛綿延。而把愛情鑲嵌在歷史的特殊框架，並非如羅密歐與茱麗葉的家族宿怨，以外力迫害反證愛情的純潔性，克莉奧與安東尼的愛情充滿了猜忌、不信任、背叛的陰影，充滿各種權力與戰爭的隱喻。當最後代表軍事文明的奧克維‧凱薩，憑著效率與制度，征服享樂主義的埃及，安東尼與克莉奧佩特拉如古老的神祇殞滅，我們只知「慾望」，卻不知「愛情」是否存在過。（李康莉）

### 《未央歌》鹿橋／著　（台灣商務）

愛情需要一點小純真，傳奇需要一個大時代。《未央歌》所要講述的便是1940年代中日戰爭裡大後方昆明西南聯大校園裡所發生的浪漫愛情故事。人，個個不食人間煙火；愛，事事發乎情止乎禮。伍寶笙、藺燕梅、大余、小童，如今皆成夢幻一樣的傳奇人物。傳奇的形成，與其說是人與人之間純潔的情愫讓人感動，倒不如說是那個想像的愛情香格里拉，讓人心實嚮往之。「你我本是善良的小孩，有一天走出家門，被打垮了，便再也拼湊不回自己了。」風塵骯髒違心願，庸俗的愛情無藥可救，唯一的解方是愛得更深，更純真一些！並且堅決相信，有一首唱不完的「未央歌」，一如那隻自由翱翔的青鳥，始終等待我們去發現、追求……。（傅月庵）

### 《源氏物語》紫式部／著　林文月／譯　（洪範）

日本平安朝的女官紫式部將宮廷中流傳的愛情故事，寫成文學經典《源氏物語》。皇子光源氏儀表出眾，自幼即深受寵愛。但得天獨厚的身世與外貌，卻不能保證一條平順的戀愛路。相反地，他的愛情禁忌而苦悶，初戀的對象藤壺女御被選入宮中，成為他的繼母，他轉而在身邊眾多女性中尋求韻事。整本《源氏物語》，有七百多首的和歌，大多是源氏與女性之間相互吟詠，藉以傳情，甚至挑逗。這些女子們的外貌氣質、年齡身分各不相同。有的只是一夜情，有的成為他長期的愛侶。其中最得寵愛的若紫，第一次和光源氏相遇時還是未成年的女童呢！只因她和藤壺女御有血緣關係，外形又神似，使光源氏竟然立意追求。這許多豔情，甚至不倫的故事，在詩文交錯的古典體裁下寫來，平添曲婉哀豔的氣氛。（鋁娃娃）

## 《幾度夕陽紅》 瓊瑤／著 （皇冠）

將一場轟轟烈烈的愛情寫得盪氣迴腸，直教大時代的癡情兒女們生死相許，上下兩代深陷情債而無法自拔，《幾度夕陽紅》大概是瓊瑤迷最為津津樂道的一部長篇小說了。

誰不傾心於愛情的偉大呢？能夠把人間世的愛恨情仇發揮得如此淋漓盡致，讓讀者彷彿親歷愛情跨越時空發酵、歷久彌堅的過程，最後深烙心版無法忘懷，好像自己也同步談了一場蝕骨銘心的戀愛，是瓊瑤愛情小說一貫的魔力。而除了愛情的敘述，《幾度夕陽紅》時空背景從大陸重慶的沙坪壩到台灣的台北、從大陸的嘉陵江畔到淡水河畔、從戰前到遷台，早已將國族、歷史、鄉土融入文本，成為不可輕略的一部分；人物角色之間的富窮對比，更可視作六、七○年代台灣社會的縮影。 （胡金倫）

# 夏娃的蘋果派

男人和女人各自品嘗了愛情的兩半。或沉鬱或輕佻，或莊重或色情，
或主義或言情，本派獨賣夏娃觀點。

## 《命》 柳美里／著 章蓓蕾／譯 （麥田）

「世界上再也沒有比被人追求、被人需要、被人選中，更令人心喜的事；同樣的，世界上再也沒有比被人疏遠、被人拒絕、被人拋棄，更令人悲哀的事。」愛情總是透過情人的肯定，才能彰顯自身的存在。被愛，我們才完整。失去愛情，則陷入失去自己的恐懼，自信與價值蕩然無存，生命壞死。這是一則關於愛情遠離後，自我的崩解與重建的故事。而敘述者所渴望的，與其說是愛情，不如說是親情的轉移，是一種永遠不會拋棄對方的黏膜關係，是永遠有人陪伴，告訴你在世界上不是孤獨的。始終在「不幸」關係裡打轉的柳美里，這次娓娓道來未婚懷孕、照顧得癌症的前男友，並與之共組家庭的過程。於是我們看到，雖然地獄是別人，天堂也是。 （李康莉）

## 《第二性》（Le deuxième sexe）西蒙・波娃（Simone de Beauvoir）／著 陶鐵柱／譯 （貓頭鷹）

戀愛像革命，不是請客吃飯，而是一種性別壓倒另一種性別的戰爭。從生物本能，從歷史本質來看，事實如此。然則，受到社會、家庭、經濟、意識形態各種束縛的女性，又將如何平等而有尊嚴地打這一場戰爭呢？西蒙・波娃這本書不談情、不說愛，她所提供天下姊妹們的是，愛情戰爭之前的心理建設。女性所以成為「第二」而不是「第一」性，壓迫根源何在？解放的動力何來？這些問題若不搞清楚，愛情的結果，充其量不過是讓原本手銬在身的女性，又多了一具腳鐐。所以，這不是一本追求「如何快樂」，而是教妳「如何自由」的書，在愛情戰爭裡，男性的憑藉有哪些？武器在哪裡？妳最低的尊嚴在哪裡？真正的自由解放又是什麼？「為誰而戰」、「為何而戰」的疑惑沒有了，妳才容易勝利。不是嗎？ （傅月庵）

## 《裙子底下的祕密》 田口藍迪／著 茂呂美耶／譯 （遠流）

女人大概做了五年愛，就可以寫一本書了。何況是年近四十的田口藍迪，可不是「經驗豐富」足以形容的。不論是做完愛大喊「洞洞會冷」，如此赤裸裸的表達自己的性愛感受，還是百無禁忌的比較各大賓館的優劣差異，田口藍迪的文字都透露著一種從私密經驗出發的誠實自剖，與擁抱性愛的開放態度，並對環繞著性愛的社會結構、兩性差異提出許多深刻尖銳的觀察。而除了展示這些聳動的犯規行為，這本書也給男人一個機會，知道自己在床上的表現算不算呆瓜。「到底女人是什麼？」千古以來男性哲學家的大哉問，如今由女人自己回答。陶醉在各種不倫之戀的藍迪果然是伊比鳩魯的傳人，誓言做「情慾阿媽」，且比所有背負社會批判使命的老靈魂，多了一種俗氣卻真誠的勇氣與樂觀。 （李康莉）

## 《突然我記起你的臉》 黃碧雲／著 （大田）

她總是從絕望開始述說愛情。

五個短篇，一則一則的愛情，反覆變奏著幻滅的主旋律。人在愛情面前的軟弱與悽惶是伴奏。絕望隨同愛情無限上綱，千人的示威遊行、萬人的抗暴革命也雲淡風輕，只是給愛情鋪陳一片花紅火豔的襯影。愛情的激越於是先驗地宿定為變態，幻滅的低迷卻執執地占領生命成為常態。可她定定地告訴你，「人之所以能活在幻滅之中，是因為人是幻滅世界的同謀者。」

鑽石是最完美最堅實的愛情象徵。（廣告不是說，「鑽石恆久遠，一顆永流傳。」）可她說，「鑽石不過是閃亮的石頭而已，到世界盡頭時甚至變成灰。」

「我突然記起她的臉，這樣我就老了。」殘破不堪的愛情終於「完滿」的那一刻，生命卻同死亡如此靠近。於是你想起如是的字詞對應──殘缺：生命＝完滿：死亡。

世界不待末日來臨即已殘酷莫名，殘酷不是異境的氛圍，是日常生活的風景。（尉遲秀）

## 《查泰萊夫人的情人》（*Lady Chatterley's Lover*）勞倫斯（D. H. Lawrence）／著 湯新楣／譯 （桂冠）

這本書未必是D‧H‧勞倫斯最好的一部，卻絕對是最出名的一部。出名的原因無他，書出之後，到處遭人以「淫蕩猥褻，敗壞道德」的名義禁絕愛情的力量有多雄渾偉大？根源又來自何處？一個貴族礦場主人因作戰受傷而癱瘓，他那不得滿足的妻子乃轉與其獵場看守人相戀。她懷孕了。於是想放棄一切名譽地位，跟丈夫仳離，與情人偕老。故事情節簡單，問題卻不少。性別、階級、經濟、社會鬥爭都來了，壓力這樣大，對抗的憑藉從何而來？樂觀的D‧H‧勞倫斯回歸到土地，回歸到愛情原始泉源──性，憑藉這兩種力量，他相信一切應該都會好轉，我們應該會得到勝利！也因為這一「應該」的猶豫，一直到了今天，所有人闔上書時不免都要問：「夫人『真的』離得了婚嗎？離婚之後的夫人『真的』會幸福嗎？」（傅月庵）

## 《千面女郎》 美內／著 （大然）

你可以如此看待這部糾結了浩浩二十年、延延四十餘本，仍在春蠶吐絲的日本少女漫畫白眉：《千面女郎》是紅天女的梅樹精之戀與紫玫瑰的長腿叔叔之戀。

不論譚寶蓮（北島瑪亞）與白莎莉（姬川亞弓）競演的戲碼是《咆哮山莊》還是《海倫凱勒傳》，「紅天女傳說」終究是兩位女主角的最後審判。而傳說中的梅樹精與人類男子之悲戀，一旦鍍上意志力強韌的阮玉冰老師（月影千草）將自身未完成的戀情過渡到此角色之上的神奇彩衣，使得兩位女主角要抵達紅天女傳說的彼岸，就必須經由這位擺渡人的指引才能實現；而擺渡資正是「愛情」。

譚寶蓮在等待紫玫瑰的長腿叔叔秋俊傑（速水真澄），白莎莉為了愛開始以身試鏡（audition）；我們不敢這麼想：阮玉冰其實是要吸取兩位女主角的愛情養分來祭祀至高無上的紅天女，但是這部大河漫畫的尾聲隱約傳來的卻是愛情的喪鐘……（錢亞東）

## 《東京愛的故事》 柴門文／著 （尖端）

地靈人傑。《東京愛的故事》和《西雅圖夜未眠》是將地域色彩和浪漫色彩交融的兩大經典作品。在繁沓的都市中，愛情的確找不出出口，因為它正像是地縛靈，卡在事發之地永不得脫身。

男女主角的完治與莉香雖然早有同窗情誼，但是卻在大都市的相會中才開始有了男女自覺，在愛情之中，偌大的都市也只縮影成兩人世界，萬家夜景只見生日蛋糕上的燭火微光；於是兩人再也看不到噴射機雲的天空，只看到了彼此禁錮在瞳孔中的對方倒影。莉香覺醒了，就像易卜生《人形之家》的娜拉，從愛情中出走了。

柴門文在《愛情白皮書》試圖找出愛情與友情能否拼湊出七巧板，《東京愛的故事》則是在男女之間尋找理想的最大值，那是一種即使生命中最理想的另一半出現，終究還是無法求出理想的最大值所永不能承受之遺憾吧。（錢亞東）

# 亞當的香蕉派

反映亞當的心聲，透過亞當的眼睛看愛情，剖析不同年齡的亞當必須面對的愛欲掙扎。
有些則純粹香蕉觀點。

### 《愛情的盡頭》（*The End of the Affair*）格雷安·葛林（Graham Greene）／著　盧玉／譯　（時報）

愛情與宗教信仰之間的類比關係，能不能成立呢？這個問題最適合拿去問葛林。在葛林的小說中，愛情跟宗教總有那麼一點割不斷的關聯，其間隱喻的糾纏，在《愛情的盡頭》裡得到最極致的發揮。戀人會問：「當她不和我在一起的時候，是不是還愛著我？」正像是信徒的疑惑：「如果沒有見過上帝，可以相信上帝的存在嗎？」小說家愛上朋友的妻子，兩人開始幽會後，他開始變得像善妒的丈夫。當她走出他的視線之外，所有他不知道的事都引發猜疑——一個凡人，卻想要擁有上帝的全知視角。兩人再度相逢後，小說家雇用私家偵探窺探戀人的行蹤，終於將事實帶到他眼前。他在愛情中唯一的對手是上帝，或是不可違逆的命運。而他一直以來誤會了的戀人，是愛情純潔的殉道者。（鋁娃娃）

### 《齊瓦哥醫生》（*Doctor Zhivago*）波利斯·巴斯特納克（Boris Pasternak）／著　黃燕德／譯　（桂冠）

有些小說，打開，讀了第一頁，你的心情就開始浮沉，浮沉在一種莫名的浪濤裡。你知道，那浪濤會把你帶往天邊最黑的陰暗混沌著最藍的澄明。幾乎，有一剎那，你有點不忍開始這段航程，想就此打住，而大海，卻早已把你翻上另一個浪頭——你，已經衝進所有的未知了。

讀《齊瓦哥醫生》，當然就是這樣的開始。二十幾年前第一次讀如此，二十多年後有一天，你不小心站在書架翻開了第一頁，還是如此。

於是，你一頁頁看下去，看到他目送拉娜坐著雪橇遠去：「落在地平線蒼白雪堆上的暗紅色落日依然圓得像一隻皮球，雪原氾濫著飽含濕氣的鳳梨色光輝，當雪橇掠過視線隨即消失時，白雪貪婪地將它吸吮進去。『再會，拉娜，來世再見，再會，我的愛人，我無窮盡的永恆的歡欣。我永遠見不到妳了，我永遠，永遠見不到妳了。』」

於是，你知道，你是和他一起哭起來了。（傅凌）

### 《雪國》川端康成／著　葉渭渠／譯　（木馬）

下雪的夜空下，列車穿過縣界，一個姑娘呼喚著站長的名字，傳來好聽的聲音。中年的舞蹈評論家島村在列車上，要到溫泉地去尋訪以前認識的當地藝妓，卻怎麼也想不起她的長相。他伸出左手中指，到鼻子下聞了聞，他甚至認為，所有的記憶只剩下觸覺和味覺，留存在左手的中指上。

他伸手指拭去窗子上冰冷的霧氣，卻見一雙姑娘的好看的眼睛，宛如在夜空中飄浮般，出現在鏡子似的玻璃上。黃昏的景物向後移動，山野的燈火映照在姑娘的臉上，那種無法形容的美，讓島村的心為之顫動……。

光影流動，時間飄忽，感官迷離，故事就這樣開始了。

世人喜歡言說「感官」二字，但真正面對感官細緻的描寫，恐怕以這一本達到極致。甚至最後，女主角葉子因為火災而跌落死亡的剎那，她已然緊閉的美麗眼睛，突出的下巴，伸長的脖頸，依然在搖曳的火光中映照著……。

看《雪國》，才能體會到一個男人如何細細的、折磨般的欣賞著女人的感官與內心，女人的美麗與哀愁，甚至是死亡。（Y. D.）

《咆哮山莊》（*Wuthering Heights*） 愛彌麗·白朗特（Emily Brontë）／著　梁實秋／譯　（桂冠）

一本女人寫的最極致、最濃烈的愛情故事，是白朗特短暫的三十歲生命中唯一的一本小說。由於維多利亞時代要求女性端莊、文雅、貞潔（其實是故作正經）的社會氣氛，迫使白朗特不得不以艾利斯·貝爾這個男性筆名投稿。經過幾次失敗後終於獲得出版（1848），卻招來惡評如潮，因為讀者被書中呈現的野蠻、暴烈、混亂的情緒嚇壞了。

經過一個半世紀，小說讀者已經十分熟稔女主角為了社會地位而拋棄男主角、男主角從外地致富回來便展開一連串報復行動的情節（這些故事的原型就是《咆哮山莊》），即便如此，當希茲克利夫要掘墓人打開凱撒琳的棺木，然後爬進去躺在死去十多年的凱撒琳身旁時，饒是閱讀經驗豐富的讀者也不免大受震撼吧。那是一種讓人痛得想哭的感動。（小威）

《羅麗泰》（*Lolita*） 伏拉迪米·納博可夫（Vladimir Nabokov）／著　黃秀慧／譯　（先覺）

有人說戀童的杭伯特象徵教養文雅，正邁向暮年的歐洲，無法抗拒羅麗泰象徵的年輕、無知、任性、俗氣，卻充滿誘惑力的美國，終至陷溺不可自拔。你不一定非得把杭伯特與羅麗泰的不倫，比成歐美勢力的消長，他們之間致命的吸引力已經動人心弦了。納博可夫栩栩如生地創造了羅麗泰這個角色，使「羅麗泰」成為未成年卻帶有性誘惑力，介乎天真與邪惡之間少女的代名詞。然而羅麗泰不可能永遠不長大，她年輕的身體擺布著杭伯特蒼老的心靈。杭伯特抓不住她的心思，在猜疑中無望地預見她從自己身邊逃開的一天。是純粹的慾望，還是眈溺的愛情，已經逐漸分不清。而他更大的情敵是時間。時間正一分一秒帶走他所迷戀的小妖精般的少女，替換成尋常的成年女人。還有什麼愛情比這更教人絕望呢？（鋁娃娃）

《好色一代男》 井原西鶴／著　王啓元、李正倫／譯　（台灣商務）

這是日本版的《金瓶梅》加《肉蒲團》。

或許，每個男人的內心，都曾有一種把性事當歷險記的隱晦的願望。但不是每個人都有機會、有能力、有金錢、有這種傻勁去把它做到底。即使做到了底，也只能被鄉里所訕笑。但這一本書，卻把這個隱晦的願望，惡狠狠的、不知恥的、快快樂樂的實行到底。

不要以為它是一本只有性描寫的書，為了得到性，為了得到女人的青睞，主角所忍受的痛苦與流浪，與中世紀騎士並無多少差別。勇敢的性冒險家，飄浪的男人，誠實的記錄者。然而，把人生弄成只有性，有如修行，這麼徹底，還真讓人服了氣。（Y. D.）

# 赫謨塞克修的嘉年華派

跨時空的赫謨塞克修（Homosexual）經典書單。所有對情愛關係持不同想像的人，必看！
超越性別、打造前進、開放的關係主張。

《愛的自由式》 張娟芬／著　（時報）

有關女同志的書寫不是研究性質濃厚，就是停留在西方理論的譯介，缺乏一種在地的趣味，本書的魅力即在此。作為第一本「本土」的女同志訪談集，書中沒有艱澀乏味的學術語言，卻到處是語帶機鋒，火花處處的生動文章，以大量的貼身訪談呈現女同志的愛情故事。「我不歌頌女同志的愛情，因為我不歌頌愛情。」前言即清楚點明了其超越激情的政治吶喊，深入女同志性格養成的紀錄片情感。在歸納、條理化的同時，卻又對女同志類型的定義持開放態度。而無所不在的讀者趣味，不但為邱妙津所遺留的女同志「執念」形象除咒，也消解了社會對女同志各種美麗或不美麗的誤解，讓各種多元的愛情的「說法」，趕上實際在社會中發生的速度。（李康莉）

### 《鱷魚手記》邱妙津／著 （時報）

打開《鱷魚手記》，掉落出邱妙津95年在巴黎寓所自殺的剪報。《手記》中灼人的熱情、如臨深淵的幻滅，與彷如枯骨殘骸的自厭情緒，卻沒有隨著邱的殞落而被遺忘。七年了，邱妙津始終像一縷幽魂，盤旋在同志們的心靈。許多邱迷讀完《蒙馬特遺書》後，返回《鱷魚手記》，尋找最初靈魂死壞的契點，或是在創作觀或性取向迥然不同的作家駱以軍的《遣悲懷》中試圖拼湊邱的容貌。至此，邱妙津已經成為一則傳奇。從來沒有一部同志小說，如此真實的揭露T的身世，撼動這麼多人的人生，引發如此多的討論與爭議，並鑲嵌台灣女同志的集體命運。因為《鱷魚手記》，女同志開始以「拉子」自稱，並逐步獲得異性戀的重視與理解。而面對這樣一本愛到破碎，愛到盡頭的生命之書，一切的評論都顯多餘。作者已死，只有邱迷的愛仍在持續。（李康莉）

### 《世紀末少年愛讀本》吳繼文／著 （時報）

從前，從前，空氣外緣壓抑著密密麻麻的禮教。青樓歡場，風月之地，正是中國社會裡浪漫愛情的濫觴。《世紀末少年愛讀本》是一曲變奏：二十世紀末的吳繼文，變奏了一百四十年前晚清落魄名士陳森的《品花寶鑑》。男越女界，書裡鶯聲燕語喃喃的，淨是戲班子裡的美麗少年。少年在台上扮的是小旦，台下扮的是相公。「沒有什麼事是確定的，除了不確定。」他們經歷了人間情色所帶來的種種劫難，直到色衰愛弛，才開始面對真實的自己。

這是一部將愛情上綱至神學的寓言書。聰慧美麗的少年正是悲智雙運的菩薩，一切情障愛業無非是修行。能否衝破無明，遠離顛倒夢想？四世紀末的譯經僧鳩摩羅什說：「語現而理沉，事近而旨遠。」二十世紀末的小說家吳繼文說：「沒有祕密，就是最後的祕密。」（尉遲秀）

### 《荒人手記》朱天文／著 （時報）

愛情的最後目的（或成就）是什麼？「創造宇宙繼起的生命」。古老的答案自有其深刻的意義。然則，同性戀情，卻是注定及身而止，不可能有所延續。於是，如何在有限的時光裡，讓紊亂的肉體散發出最璀燦的火花，確定存在的意義，便成為同性戀情最蒼涼的特徵之一。狂亂頹廢，已載滿歡樂亦辛酸的四十歲的男同性戀者，在感官消費中遨巡，從這個人的臂彎流浪到下一個情人的胸膛，初戀、追求、被拋棄……。他一邊自我剖視，一邊構築論證存在的意義：「一朵陰性的靈魂裝在陽性的身體裡」、「所謂神性，就是陰性」、「我們彼此同意，甘願受到對方的約束，而因此，也從對方取得權力」──這本書末必讓人讀得舒服，真正有所領悟，但如果你想知道輓歌式同性戀情的頹廢、孤獨與狂亂根源，再沒有更好的讀本了。（傅月庵）

### 《孽子》白先勇／著 （遠景）

唯有白先勇的華麗準確文筆，才能讓被壓抑的同性戀環境、新公園裡黯淡的燈火，與高漲到無法遏止的慾望，在小說裡顯現出無與倫比的張力。

在同志宣告出櫃，甚至是一種流行文化的時代裡，《孽子》仍具有無法掩蓋的文學光芒。即使它的描寫不像時下的一些同志文學那樣，帶有強烈而直接的性描寫，但隱晦而充滿慾望的影像，象徵式的肉體扭動，蒙太奇式的性愛場景，卻讓它的情慾更濃烈，並且已經成為同志文學的典範。

然而，它不僅是一本同志描寫的書，更是台灣六、七○年代的青春之歌。如果你用文學的角度看，六○年代的形貌，人的失落與追尋，挫敗與救贖，竟奇蹟般的保留在小說裡。（Y. D.）

# 有關愛情的28個網站

　　須知光陰有限，斷沒有讓上網衝浪威脅花前月下美好時光的道理，然而愛情活像病毒，充斥現實生活與網際網路，一入網海即有滅頂之虞，故有以下「愛情四補帖」，權充讀者上網晃蕩的貼身指南：「愛情閱讀帖」引你投身文字域，千錘百鍊文學素養與深刻思想，情場上達則兼善雙人枕頭，不達至少有文為伴。「愛情藝術帖」為你開啓愛與美的大門，教你情場上過關斬將攻城掠地，全靠胸中一股美術氣。「愛情同志帖」特為同志朋友而開，到此一遊，不論讀取資訊或尋覓知音都能一帖搞定。「愛情實戰帖」是你情場廝殺的屠龍寶劍，助你在情字這條路上披荊斬棘闖通關，一路順風。

文／林泠、陳俊賢、李康莉

## 【首選】

### 譜寫愛情文學低調之歌
http://www.im-lost.com

　　就像陳小春的歌裡唱的，愛情不是病，但愛起來要人命，一旦被情流感菌所侵襲，誰都不能不為它發燒流鼻涕。或許這就是《失戀雜誌》風魔網路的原因。失戀令人很頹唐，但失戀的回憶經常為美麗與哀愁留有一席之地。於是許多人來到《失戀雜誌》網站，以水瓶鯨魚清新中帶著落寞的畫風為背景，書寫自己的愛情經驗，而這些失戀的故事，每一則都踩中有情人的痛腳。誰沒有愛過，而愛過的人，必然也都痛over，會痛經常因為失去，失去，所以不願孤身看街頭夜色，寧可躲在沒開燈的房間裡上網，於是行經《失戀雜誌》時很難過門而不入。

　　《失戀雜誌》不但是同名網路文學季刊的誕生地，也是一個豐沛的創作園地，至今長、短篇原創文學作品不斷在此綻放網路愛情文學新鮮的氣息，而且有愈演愈烈的趨勢，顯見失戀族已在都會叢林組成陣容堅強的文字游擊隊，不斷展演愛的破碎物語。（林泠）

### 包羅萬有性愛文化館
http://www.passionbooks.com.tw

　　號稱「全球華文最大性文化資訊網」，姑不論這「最大」是否違反公平交易法誇大廣告的禁制規定，光從闢地千里、建館無數的架式看來，「性文化資訊網」確已所言非虛。不過只要在網路上談到性，我們知道天下沒有白吃的冰淇淋，也沒有平白生長的養眼文字。想看中國古代閨女出閣的箱底畫或日本情色浮世繪，以增進古典文化素養者，必須購買！想看炎漢馬王堆出土房中書，參悟「與女子交媾原則，貴在和諧平靜，心情當坦盪如水」的真經妙諦者，必須購買！想端詳宦官寺人如何在性壓迫下忠誠扮演高級奴隸的角色，並提升對帝制時期宮廷次文化認識者，也必須購點！廿一世紀乃是知識經濟的時代，能夠花錢買知識，並在吸收知識之餘獲得身心的滿足，已是這年頭難得的一樁好買賣。至於阮囊羞澀仍立志進修者，切莫撫膺長太息，網路文化的妙處之一，在於總有免費試用版，讀不到經典《姑妄言》，讀一部法國最早的性文學作品《好傢伙修士無行錄》總也勝於沒賺。（林泠）

# 【愛情閱讀帖】

## 做愛情的交換日記

http://get.to/bbsssex

　　一段不倫之戀，滿溢的情慾在網路上縱情交歡，一篇篇交換日記都是中年出軌的熱戀激情，在明日報個人新聞站台上坦白披露兩人的愛與性，儘管不知真姓名，網友在閱讀之餘還是忍不住「關切」。被目為第三者的女子BBWF曾要求對方不與妻子歡好，引發網友的討論，批評她干涉別人夫妻性事，言下頗有「這情婦不夠專業」之意，於是正在上海的男子SSB7寫下〈江南雲雨杳〉，說浦東夜色雖美，卻與我無多大關係，就「我們的愛情，干卿底事」做了含蓄表態。這些交換日記頗具羅曼史情調，但大部由男方寫成，網路果然臥虎藏龍，填補了羅曼史領域總缺男性作者的遺憾。（林泠）

## 性別差異科學讀本

http://www.pbs.org/wgbh/nova/gender/

　　美國PBS公共電視台的《NOVA Online》網站，是一系列科普電視節目線上版本的集結，其中「Sex: Unknown」以真實的案例為藍本，討論性別的形成以及性別認同的關鍵。案例主角出生時是擁有兩套性器官的陰陽人，經過手術後始終被當作女孩撫養長大，成人之後歷經種種自我認同上的困難與折磨，最後重拾男兒身。這個驚人的案例顯示，基因在性別認同上的決定性，似乎遠過於環境和教育。網站上除了案例主角的自述外，還有性別課題的討論文章，以及展示人類細胞性別決定過程的Flash短片。此外，對於腦神經學如何解釋兩性先天差異感到好奇的讀者，也可以從美國科普雜誌《Scientific American》的線上專文一窺究竟：http://www.sciam.com/article.cfm?articleID=00018E9D-879D-1D06-8E49809EC588EEDF。（林泠）

## 日本偶像藉愛普渡眾生

http://renata.url.com.tw/default.htm

　　多少人談日劇的口吻，好像在談1969年洋基球場的美國職棒大聯盟比賽，對偶像的體會遠過於對劇情的體會。流行文化原本普渡眾生，眾生只看流行的表象，驚豔於流行的泡沫而奮起追逐，倒也不足為怪。不過日劇不是只有風花雪月的愛情，也不是只有前後搖晃的手機吊飾和青春「元氣」的招呼，1999年11月以《閱讀日本偶像劇》為名創刊、後來更名為《蕾娜塔報導》的電子報主筆蕾娜塔就看到，在愛情的文本裡，除了口中的手裡的愛情，還有扎扎實實在生活的男男女女。蕾娜塔把日劇當成書來讀，從愛情回頭反省人性，這些深刻的筆記已吸引了超過六萬名電子報訂戶，且集結成《當愛情邂逅日劇》一書，由皇冠出版。（林泠）

## 修性學分用功資料庫

http://www2.hu-berlin.de/sexology/

　　性，雖然對每個人而言都切身，卻是典型「只緣身在此山中，不識廬山真面目」的大課題。有心想修點性學學分的話，敲門磚就在德國洪堡大學的性學資料庫網站。學術性網站不若商業性網站顧慮美觀與介面，因此進入本站必須抱定學海游擊心態，勇於一頭栽入醜得可以的資料庫查詢功能裡才不致入寶山而空手回。可查詢的資料有性學的歷史、世界各地的性學、性學詞典、聯合國世界衛生組織的性學報告、世界各地的性行為……等等，每筆資料都帶著莊嚴的學術面具，予人望而生畏之感。好處則是性資料滿網路飛的今天，在這裡絕不會看到唬爛網頁，全都是具公信力的學術研究。如果讀者偏好中文閱讀，中國性學會建置的《中國性知識科普網》http://www.x.com.cn，是另一個不錯的選擇。（林泠）

# 【愛情藝術帖】

## 克林姆金雕細琢愛之吻

http://www.pixelworks.com.ph/klimt/

　　畫家演繹愛情的畫作不少，但克林姆的《吻》堪稱其中直搗黃龍之作，將一對戀人的擁吻包裹在金色光輝裡，有什麼比這個更能體現愛情純粹的一面？但克林姆不是只畫出愛與美光輝的那一面，在他的黃金十年中，任何事物與概念在他瑣碎畫風吹襲下都化成金色的片斷，王爾德筆下的莎樂美於是化成一抹開半闔淫蕩的金色眼波，顯見分離畫派切割人性的力道比佛洛伊德更強勁，包裝愛情的魔術比阿言遜更高竿。甚至不須走一趟維也納MQ區的Leopold Museum，在這個菲律賓畫迷一手建構的3D立體虛擬畫廊裡一樣望壁興嘆。與一般線上美術館不同，這是個設計符合人腦工學的網站，看完《吻》，記得右轉去看看《莎樂美》。（林泠）

## 永恆之愛泰姬瑪哈陵

http://www.taj-mahal.net

　　印度的泰姬瑪哈陵顯然是比埃及金字塔更深刻的建築，因為每一片石材都刻寫薩加罕對妃子永誌不渝的愛情。人生沒有幾個22年，薩加罕國王卻將22年奉獻給愛妃的陵墓，泰姬瑪哈陵於是贏得最美建築的名聲，就算沒有飛往印度的假期，也該一遊泰姬瑪哈陵線上VR之旅網站。只要將滑鼠游標移至左上角的圖片上左右移動，便可觀賞360度旋轉展示的實景，網頁中央並以3D造影顯示所在位置，移動到特定景點時，3D造影上還會有紅燈閃爍，此時點選右上方的人物小圖即可聽取語音導覽。網站上的每一段展示影片都沒有遊客夾雜其間，不妨在陵墓正前方的「富饒天池」前駐足眺望，純白的建築在藍天襯映下還在訴說十七世紀的戀愛故事。（林泠）

## 青春永駐愛與和平六〇年代

　　六〇年代的美國流行歌壇因為幾個人物的歌聲而在愛的時光圖譜裡永遠占有一席之地。人們永遠不會忘記扭腰擺臀但睡眼惺忪唱著〈Love Me Tender〉的貓王，也永遠不會忘了激昂的披頭四安靜下來唱起〈Hey Jude〉的那一日。六〇年代的美國，年輕人擁抱的是愛侶，吸食的是大麻，聆聽的是流行音樂，而歌壇上演唱的，則是愛與和平。六〇年代歌手的專輯每隔數年就會推出新的紀念版，證明了那是個永不褪色的年代，而網際網路的特性，則將我們對那個年代的記憶張貼在共同分享的背景裡，愈加使不朽的六〇年代成為四海一家共通的記憶。

http://www.elvis.com

　　以貓王的名氣，歌迷建造的網站固然不計其數，但得到貓王家人授權的官方網站卻是獨一無二。此地不僅提供所有貓王相關資訊，還有貓王遊戲可玩，自然也有不完整版貓王歌曲可聽——貓王唱道〈Don't Be Cruel〉，尊重智慧財產權，請支持正版音樂CD。

http://www.thebeatles.com

　　披頭四的魅力歷久不衰，總是有新的全集或選輯陸續問世，想要知道最新消息，披頭四官方網站不可錯過。網站從入門頁起就包裹在色彩絢麗的Shockwave影音效果中，到此聆聽披頭四經典名曲，重溫純真與激動蔓延，童心與狂野共舞的六〇年代。

http://www.thedoors.com

　　迷幻搖滾是六〇年代末期旗幟鮮明的音樂特色，是當時年輕人的愛樂，其中佼佼者首推門戶合唱團。The Doors的成功，強烈的性慾主題恰正符合六〇年代末期的低迷色彩是主因，Jim Morrison口中總少不了Fuck you等類的字眼，也赤裸裸唱出離經叛道的詭譎心情。（林泠）

# 【愛情同志帖】

## 同志愛情白皮書

http://www.gaychinese.net

異性戀是愛，同性戀也是愛，大陸同志就擁有自己的《愛情白皮書》，頗具規模，且集資訊交流、線上協助與虛擬社群功能於一身。

世界各地的同志新聞在此無一漏網，如加拿大新規定享有利同志以配偶身分移民、女同性戀專屬精子銀行將在英國開張、台灣公務員出櫃比率暴增等，使大陸同志與世界同步改革開放。網站特闢「我做名人」欄目，願意公開談論自己經驗的同志朋友在此接受網站訪問，常有令人心動的自白及發人深省的言論。此外從首頁可以連結到販售各種同志商品的友站，商品從書籍、音樂、禮品到各類情趣用品無所不包，還大力推薦王家衛的電影《春光乍洩》。延伸推薦：漢森同志生活百貨 http://www.gayfocus.net/tzshop/ 。（林泠）

## 男同志人氣交友一站到底

http://www.club1069.com

交友是這個網站的最主要功能，不過它的討論區也有相當可觀之處：諸如醫療保健資訊，以及法律諮詢，都有完整連結可以按圖索驥。至於交友，舉凡照片交友、留言交友、電話交友、聊天室……，都被這個網站蒐羅進來了。對於麵包與愛情難以兼顧的同志們，站上的租屋和工作情報說不定可以助你一臂之力。對於男同志來說，近幾年不再缺少徵友管道，至於餵養愛情的現實面，相關的資源還少得多。如果說這幾年網站流行「一次購足、一站到底」，本站可以算是相當完整了。

晚近新興的男同志聚集地，可以逛逛其中的「新椰林風情」子站，以及十數個以「ｇａｙ」起頭的中型站台：telnet:bbs.kkcity.com.tw KKCITY BBS；另有同志專屬的諮商服務：http://www.hotline.org.tw 。（陳俊賢）

## 電子商務網站爭搶同志市場

http://www.queerculture.com

電子商務市場也開始注意到同志的需求了。本網站資料頗為豐富，從音樂、藝術、健身、美食、理財、旅遊到俱樂部、酒吧和咖啡廳，真是應有盡有，由於在這裡推銷服務與商品的，都是想與同志做買賣的好商人，因此極能切合同志喜好，雖然不能直接購買商品，但可連結到自薦的網站上去一探究竟，有些項目下還列有相關新聞，可作為消費的參考指南。

可惜台灣沒有此類的網站，不過《Kilo-Store網上同志刊物專賣店》集結了一些以同志為主題的平面出版品，有漫畫、小說、寫真集等，全部都可以在網站上訂購，其中又以漫畫最為熱門：http://www.kilo-store.com 。（林泠）

## 拉子們的愛情智囊團

http://www.to-get-her.org

To-Get-Her是台灣歷史最悠久的女同志社群。其中最經典的是24小時不打烊的「正宗瞎掰吹牛區」，共有20多個留言版。如果你已年屆30，受不了一群聒噪的小鬼，可以加入old lez們專屬的「歐蕾版」。如果在感情上遭遇挫折，或交換追女朋友的妙招，可以參加最熱門的、並經常掀起各類辯論火花的「金賽拉拉版」，交流愛愛的經驗。比起其他純交友的女同志聊天室，To-Get-Her的特色在於其明顯的理性社群。網友都具備相當學歷背景，敢說話，在公共的意見交流之餘，也就形成一股強大的輿論力量。不論你是T、P、不分、還是Bi，只要丟一個問題，都會獲得即時的回應，並知道「主流」意見在哪裡。

延伸推薦：台灣第一個女同志團體《我們之間》http://come.to/wzj/ 轟轟烈烈的徵友廣場《輔大好社》http://come.to/fjulc 。（李康莉）

# 【愛情實戰帖】

## 媒合網站永不下檔

http://www.match.com.tw

細點台灣交友網站，不得不承認「薑是老的辣」俗諺其來有自。《Love Match》網站創始人露西說，窩在軟體公司多年，忽而驚覺時光荏苒，已是青春不再，伴侶無著，環顧周遭友人，又發覺處於類似困境者眾，於是為了自救救人起而開創媒合網站。雖然沒有同類型網站華麗的外表，純以「廢話少說，一針見血」的功能取勝，《Love Match》創站至今已累積了超過43萬名會員，且網友支持愛用的熱情始終不減，純免費服務當是主因之一。（林泠）

## 電話交友緣定一聲

http://www.cooltalk.com.tw

網路交友固然便利，恐龍卻也經常出沒，一失足常有十年怕井繩之憾，白白糟蹋新科技許你的美麗新世界。酷透網以免費申請「酷透碼」為號召，首開台灣0965電話交友先聲。來到酷透網，可以依話題、職業或地區尋找志同道合的朋友，話題種類極為多元，同志可在此找到同志，偏好Adult's Talk亦不向隅，不知有緣人究屬何類者，可謹記凡事常從哈啦起的原則，到「哈啦哈啦」話題尋找你緣定一聲的對象。酷透網嚴禁在網路上公開個人電話號碼，因此躍躍欲試者宜先摸摸荷包，確定負擔得起每12秒1元的收費再採取行動。（林泠）

## 占卜愛情請君入卦

http://www.fateasia.com.tw

早年說起占卜，不外就是西洋的星座和塔羅牌、中國的命理和易卦等，不過時序推移，隨著大和民族盡情發揮「無事化小，小事化大」的創造力，占卜已經成為東亞地區年輕世代愛情文化中極重要的一環。從2000年的動物占卜開始，各類新式占卜法紛紛出籠，塔羅牌、生命數字等占卜法都已經不是新鮮玩意兒，走一趟《占卜大觀園》，各種匪夷所思、光怪陸離的占卜管教你跌破眼鏡，舉凡天上飛的（天使牌占卜）、水裡游的（海洋生物占卜）、地上跑的（賤狗占卜）、土裡長的（百花占卜）、桌上吃的（蔬菜水果占卜）等數十種不一而足。對動物的象徵意義有興趣者，可前來一試現在最熱門的粉鳥占卜；對異國文化有興趣者，可嘗試北歐戀愛占卜或埃及占卜；至於中國文化擁護者，現在獲得一個冷笑嗨嗨的機會──武俠占卜，這可是中國人的獨門祕技！（林泠）

## 攻心為上愛情守則

http://www.sweet2u.com/taiwan/lovetest.html

常言道「教育是良心的事業」，其實愛情才是「量心」的事業，知己知彼才能百戰百勝，因此心理測驗在愛情文化裡大行其道。網路上流傳的心理測驗不計其數，想要一網打盡，非《Sweet2u戀愛頻道》莫屬。這裡特別為心理測驗設計了一個小軟體，利用這個小軟體下載心理測驗題庫後，就算離線作答也可以讀取測驗結果，只要加入網站的免費會員，程式還會為你自動更新測驗題庫，真是經濟實惠又方便。更離奇的是，這個軟體有「測驗題製造精靈」，如果你是超級心理測驗迷的話，這個精靈必能滿足你自製心理測驗的願望。

此外，個人電子報《心理測驗日報》專門蒐集各大BBS上的心理測驗，至今出報已有一百多期，也是極受歡迎的心理測驗集散地：http://mychannel.pchome.com.tw/channels/v/i/vial/。（林泠）

■

Part IX

Audio

視聽高潮製造器

# 尋找黑膠戀人

愛情就像一家小小的另類唱片行，你尋尋覓覓的那張黑膠唱片，只有你自己知道價值在哪裡……

文／鋁娃娃

電影《失戀排行榜》（*High Fidelity*）裡，那個開唱片行的男主角羅伯，在失戀的愁雲慘霧中自問：「我是因為生活悲慘所以開始聽流行歌，還是因為聽流行歌所以悲慘？」

## 失戀排行榜

恐怕這是嚐過失戀滋味的人們共同的心聲。她離你而去的第三天，你的CD player鎖定在重複播放的功能，一遍又一遍，瑪丹娜的〈The Power of Good-bye〉。聽得你全身沒power。聽得室友都翻臉。

這到底是怎麼回事？有那麼多心碎的歌，好像怕你還不夠慘，非要讓失戀的心情與歌曲共振，好擴散你的悲慘效應。尤其國語流行歌曲，辛曉琪游鴻明蘇永康，一個唱得比一個慘。整個唱片工業合謀要置你於死地，你還真的就深陷其

## 十首愛情流亡犯的歌

文／鋁娃娃

### 〈Jealous Guy〉
詞曲／John Lennon　演唱／John Lennon（專輯《*The Collection*》）
當她的眼神開始閃躲，你會知道是時候了，只是該不該先開口，或者什麼都別說。約翰·藍儂重複唱著：「我試著抓住妳的眼神，覺得妳想要躲起來……我只是個嫉妒的男人。」（I was trying to catch your eyes, thought that you was trying to hide...I'm just a jealous guy.）尤其間奏的那段口哨聲，聽來真是無奈啊！

### 〈星星堆滿天〉　詞曲／林暐哲　演唱／楊乃文（專輯《*One*》）
「好的時候你是真的對我非常好，吵的時候你也真是狠得不得了」，戀人的天堂與地獄是一體的兩面，完美的溫存與絕對的折磨同時並存。終於擺脫，卻還是要問「沒有我的日子，你好不好，我好無聊」。建議對照聆聽楊乃文第三張專輯中的〈放輕點〉——像是〈星星堆滿天〉式強烈愛情的進化後結局，戀人相約將愛的強度放輕，一同面對長遠的時間。

中出不來。當然偶爾你還是會清醒個五分鐘，以便可以再問自己一次：「為──什──麼──?!!!」

回到《失戀排行榜》。

失戀的羅伯為自己排出心碎排行榜前五名。從十二歲時青澀的鄰家女孩，到大學時代明艷照人的萬人迷女友。所有的事情都有前五名，跟暢銷金曲一樣。身為另類唱片行老闆，他聽音樂品味刁鑽，可不是什麼慘情芭樂歌就應付得過去。現在每一首經典歌曲，都搭配上他痛苦的失戀。他懷疑自己為什麼老是被拋棄，漸漸才發現不是只有他被甩，他也甩人。不只他在音樂這行裡自覺懷才不遇，他也挑剔樂團，嫌棄顧客。有時喜新厭舊，有時抓著幾張舊CD當寶。

唉！怨誰呢？

也許愛情的市場就是一家小小的另類唱片行，有自成一套的排行系統。小甜甜布蘭妮這種在主流市場大受歡迎的歌手，肚臍很可愛，唱片也有賣相，可她擠不進另類唱片行。在另類唱片行裡每個人都在找自己的最愛（並且還真得意自己與眾不同找的不是布蘭妮）。你尋尋覓覓的那張黑膠唱片，可能全世界只有你自己知道它價值在哪裡。

## 愛情猿人演進史

當然，談戀愛跟聽音樂一樣，是有階段性發展的。

愛情新手通常受主流價值影響最大。高中的時候誰不迷戀在同一站等公車的校花？那種大家都看得到的美，屬於小甜甜布蘭妮、連鎖唱片行紅標配綠標層次。你對自己在愛情市場裡分量的掂拿，也是那個層次。慚愧自己身高不滿一七○，成績中等，又不是籃球校隊，於是每天看校花踩著輕盈腳步上公車，始終鼓不起勇氣去跟她要電話。高中三年就這樣過去了。

### 〈Friday I'm In Love〉
詞曲／The Cure　演唱／The Cure（專輯《Greatest Hits》）
星期一沒事，星期二平常，星期三昏昏欲睡……星期五忽然就掉進戀愛裡。這首歌適合不想太多的熱戀情侶。每次聽這首歌，總是不自覺地跟著節奏跳動。The Cure為戀愛唱出像是週末晚上的歡愉氣氛：「星期六還在等，星期天總是來太遲，但星期五從來不遲疑！」

### 〈喜歡你現在的樣子〉　詞曲／黃韻玲　演唱／黃韻玲（專輯《做我的朋友》）
愛情最神祕的時刻，無法解開的謎題，就是「喜歡」這件事到底是怎麼發生的。有時候你突然發現，好喜歡他現在這個表情，好喜歡他現在對你說話的語氣，儘管你早就知道他的任性，他的懶散，甚至那雙從來沒有剪過指甲的腳丫子，總歸一句話，就是喜歡他現在的樣子，並且想告訴他：「不要懷疑自己，屬於你的一切都是美麗。」

### 〈流沙〉　詞曲／陶吉吉　演唱／陶吉吉（專輯《流沙》）
失戀是少數跟呼吸一樣公平的東西，管你多有經驗，管你再有才華，一旦真的愛上他（她），在面臨掙扎的時刻，就好像陷入流沙，愈陷愈深，無法自拔。「愛情好像流沙，我不掙扎，隨它去吧！我不害怕……」就算戀人身邊的親友團齊聲要他「醒醒吧！」他卻始終獨排眾議，固執己見，沉溺在自己的流沙中──就讓我這樣吧！

然後有一天你發現其實也沒那麼喜歡校花。大多數人喜歡長髮飄逸可是你獨鍾短髮俏麗。你對自己有更深的認識，知道自己不滿一七〇可是小說讀了不少。你應該找欣賞你的人、你欣賞的人，而不是瞄其他人都在瞄的女生。可惜，你儘管得意地拋棄了主流價值，還是不免受到同儕壓力，好朋友一天三次「那個馬子正」的耳語。你做自己的意志還沒那麼堅定。你是逛另類唱片行的新手，被CD側標唬得團團轉。當店員擺出臭臉色把CD塞到你手裡，一副「沒聽過這張你的人生還有意義嗎」的表情，你就惶恐不已掏出口袋裡所有的錢。

最後一個階段。你終於更清楚地認識到自己要的是什麼了。你可以從容走進另類唱片行，不管店員在耳邊叨念些什麼，也不管店裡放的是什麼音樂。你只管在唱片當中站定了，低頭挖寶挖到眼睛發亮。

恭喜你！看來你終於進化成知道自己要什麼

的人了。可是，真的從此過著幸福快樂的日子嗎？

## 另類唱片行

聽聽The Smiths的〈Please, Please, Please Let me Get What I Want〉。主唱低低地唱著：「這輩子就這麼一次，這次拜託讓我得到我想要的吧！」當你自認知道自己要什麼，愛就成了更強烈索取、懇求的過程。或是U2的〈I Still Haven't Found What I'm Looking For〉：「我爬過這許多山，跑過那原野，只為和妳在一起……但是，我還沒找到我所尋找的東西。」為愛跋涉千山萬水，搞半天還是覺得自己沒找到？問題到底在哪裡，是找錯對象，還是用錯方法？或者，更大的可能性是，永遠在到手的時候發現還沒有，還不是——不是你真正想要的目標？

歡迎來到愛情混球俱樂部。凡符合以下症狀，均可獲得免費會員資格：（一）在愛情裡挑

### 〈I Still Haven't Found What I'm Looking For〉
詞曲／U2　演唱／U2（專輯《The Joshua Tree》）
U2煽動力超強的演唱方式，讓人好像真的隨著音樂攀過高山，越過原野去追尋真愛。知道自己想要什麼，也得到了，卻發現「還沒找到我所追尋的東西」，愛情最具殺傷力的時刻莫此為甚。那也許既是小王子離開玫瑰的原因，也是他想回去的理由。

### 〈心愛的再會啦〉　詞曲／伍佰　演唱／伍佰（專輯《樹枝孤鳥》）
「男兒啊，立志他鄉為生活。和妳團圓，在我成功的時。」雖然歌詞說的是男性為了事業犧牲愛情，為兩人將來外出打拚，聽起來狀態很古老，但動人程度不減。尤其被伍佰在演唱會中選作壓軸曲時，往往帶動全場氣氛，令人飆淚。是一首大男人主義者的溫柔情歌。

### 〈夢醒時分〉　詞曲／李宗盛　演唱／陳淑樺（專輯《跟你說，聽你說》）
八〇年代情歌經典，曾經是人手一「捲」的專輯（當時卡帶還比CD普及）。「要知道傷心總是難免的，在每一個夢醒時分。有些事情你現在不必問，有些人你永遠不必等。」愛情不可問，不可等，甚至不可想。在愛情中傷過心的人，都不免深有同感。

三揀四，老覺得自己得到的不夠好。（二）愛的時候不滿足，失戀的時候呻吟得比誰都大聲。（三）永遠在追求，永遠追不到。

混球俱樂部人滿為患，你別以為事不關己。其實在愛情中人人都是混球。大部分的人都搞不清楚自己「想」追求誰，「該」追求誰，「可以」或「夠資格」追求誰。愛情市場價格混亂，是一家沒標價的另類唱片行。誰都希望自己是被夢中情人欽點的幸運兒，一旦幸運過頭又怕自己沒那個福分享。想中樂透，又怕被黑道勒索。用千百種方法抓到的幸福，有上萬種方法去錯過。流行歌之所以常和愛情經驗緊密結合，是因為歌中提供的愛情位置與角度，令我們感同身受，甚至比我們更貼切地說出心裡話。（可惜現在國語樂壇許多芭樂歌已經喪失了這個功能。）

## 一道難解的習題

我們都在愛情的另類唱片行裡來來去去。這並不是誰的錯，純粹因為愛情本就是道困難的習題。「我想愛個什麼樣的人」，跟「我這輩子要怎麼過」，誰能給出永遠不變的答案？這一分鐘認定的真愛，也許下一分鐘發現是幻覺。真心排行榜上所有名次都有上升下降的潛力。算了！如果注定要當混球，就當個願意面對自己的真誠混球好了。

好險有Lauryn Hill！她粗啞的聲音在耳邊響起：

Fantasy is what people see, but reality is what they need.（人們看見的是幻象，需要的卻是真實。）

就用這句話敬愛情吧！——一家真實與幻象共存，交互競價的另類唱片行。 ■

本文作者為作家。

### 〈Please, Please, Please Let me Get What I Want〉

詞曲／The Smiths　演唱／The Smiths（專輯《Hateful of Hollow》）

小時候覺得媽媽盛給哥哥的飯比較大碗，長大覺得老師發給同學的作業比較簡單，談戀愛後覺得別人的愛人總是比較美。英國樂團The Smiths說，「拜託讓我得到我想要的吧！」這要求聽似任性，實則憂傷。唯有遭遇過無數失落與傷害的人，才能用這樣優美的聲音，最後一次匯集體內僅存的、還沒被挫折磨光的信仰，發出這既卑微又狂妄的願望。

### 〈World Before Columbus〉

詞曲／Suzanne Vega　演唱／Suzanne Vega（專輯《Nine Objects of Desire》）

發現新的愛情，就像哥倫布發現新大陸，有時戰戰兢兢，有時義無反顧，一路航向未知的探索。戀人是彼此眼中來自新大陸的貴金屬，「他們永遠不會知道你頭髮的金或銅，怎麼懂得秤量你的稀有。」（And they'll never know the gold or the copper in your hair, How could they weigh the worth of you so rare.）如果沒有你，Suzanne Vega輕柔的聲音說，我的世界將會是一片平坦，像是哥倫布發現新大陸前的世界。 ■

# 愛情電影院
## cinéma d'amour

文‧攝影／台北拜客（taipeibiker@yahoo.com）

二輪電影院的甜蜜與警訊。

關於愛情，無言以對。
關於電影院，有太多可說。

二十世紀的愛情，基本上都多或少與電影院
有所關聯。

想想，你的父母是否有珍藏的一餅乾鐵盒，
裡面有著一張張疊好的電影本事，那年大掃除你
不小心翻了出來，問著老媽。她的臉孔閃過一絲
嬌羞，說那是年輕時候和老爸約會時，看的每一
場電影。她開始唸著一串你陌生的人名：珍娜露
露布麗姬妲、葛里葛來畢克、約翰蒙哥馬利⋯⋯
直到她嘆口氣輕輕地蓋起鐵盒。

不管你出生成長於何處，你的童年往事總是
不小心地會與電影院產生關聯。台北人的記憶可
能是：兒童節去兒童戲院看電影、月考成績不錯
時的犒賞是圓環旁的遠東大光明戲院加上重慶北
路寧夏路的小吃夜市、然後是第一次到國賓戲院
對其偌大空間的目瞪口呆⋯⋯。

光陰似箭，你進入了青春期，你的愛情生涯
即將開始。

### 初戀西門町 and they called it puppy love

每個城市都會有那麼一條電影街，在東京是
歌舞伎町，在巴黎是香榭里舍，在台北是西門
町，或者更準確地說：武昌街。

故事常發生在農曆春節時分，你鼓起勇氣約
了上回郊遊時一直對你淺笑以待的女孩，去西門
町看電影。街上充滿人來人往熙攘的喜氣，你也
被感染著。要在眾多的賀歲鉅片中選一部，通常
是選到最熱門的那一部好萊塢科幻電影；票口前

大排長龍，黃牛插隊是非爭執，你全不放在心上。直到票口掛出「客滿」牌子，你才有些慌亂……。

「嗯，這部片看不到了？我們要不要去看另外一部？」你結巴地問著女孩。

「都排這麼久了，我們就再排下一場嘛！」女孩溫柔而堅定。

「就是嘛，我就不相信我們排不到這部電影！」你高興又慷慨激昂地順從。

於是你們就繼續地排著隊，然後你們終於看到那場電影。排了五個小時之後，你們在座位一千八百人的樂聲戲院買到第二排的座位，兩個人仰著脖子三個鐘頭，超級大銀幕迎面罩下，那一架架太空戰艦從你左眼飛到你右眼，在身歷聲杜比音響的超級震撼下，你始終不確定在劇情緊張之際，你是否偷偷地握了那女孩的手……。

當然，二十一世紀的電影院場景，可能得換到信義區的華納威秀影城了。

### 熱戀午夜場 the night is still young

不知從何時開始，電影院的放映時間逐漸地往後移，原本是晚上九點放最後一場，後來在週末時會加映一場晚上十一點。這彷彿提供了眾家情侶一個甚佳的選擇，無須再傷腦筋，這個週末夜要如何處理。

但是如台北這城市的子夜一場（凌晨一點）、子夜二場（凌晨三點）則是全世界罕見的放映時刻。紐約偶爾會在週末午夜時分放一場《洛基恐怖秀》（*Rocky Horror Picture Show*）應應景；巴黎則多配合地鐵節奏，會在凌晨一點前結束放映，幾家藝術電影院則會不定期的推出「熬夜場」——讓你看一整晚的《十三號星期五》系列、《德州電鋸殺人狂》系列、「教父之夜」甚至是「徐克之夜」，還會附送早餐。

你的愛情進入熱戀期。每次的約會總捨不得結束，想盡辦法延長兩個人相處的時刻；或是開心地要讓全世界的人知道，你們倆在戀愛、你們是一對。於是生命中有一段時間，你們會在午夜時分出現在台北的總督戲院，其實只不過是去看場電影，但彼此均盛裝以待如同要去跳舞或是參加一場fashion party。

你還依稀記得那時的人聲鼎沸，燈火通明，香腸攤串烤滷味水果攤，一個個神態睥睨的時尚男女，在那凌晨一點的長安東路復興北路。

沒錯，只是去看場電影而已。

### 牽手二輪 play it again, Sam

首輪電影，之後是二輪戲院，這電影院放映生態舉世皆然。尤其是在學

生區附近，總會有著這麼間二輪戲院：裝潢已不太講究，票價只有首輪電影的一半，甚至有些二輪戲院會是以「不清場，一票看到底」做號召。在用餐時分進場，你常發現隔壁的老兄，正端著一盒排骨便當，聚精會神地看著。

有時是錯過了首輪電影的放映，有時是為那便宜票價所心動；當兩人相偕去看二輪戲院時，你的戀情已進入某種穩定狀態。彼此都已熟悉到某種程度，週末午後，你穿著拖鞋短褲一派家常，開口問著，「怎麼樣？要不要去看場電影？」

愛情逐漸為生活節奏所替代，日子不再分泌過多的荷爾蒙，你開始確信對方會永遠在你身旁。於是悠閒地在台大校園裡逛著，繞去看一眼唐山書店誠品音樂館，不小心就走到了大世紀戲院；要不，就是到文昌街逛逛家具，在通化街附近吃個中飯，晃啊晃地晃到湳山戲院。隨便挑它一場，兩人對望一眼點點頭，就買兩張票吧！

這可以是份甜蜜，這也可能是個警訊；看你怎麼想囉！

### 給我一場不倫 fatal attraction

看電影、挑電影院其實是一種慣性行為。你拿出報紙，翻一下電影版，看哪部電影有趣，確定各家的放映時間，之後再挑一家電影院。但有沒有發現，會去的電影院始終是那幾家？!有些電影院你去過一次就再也不會去了，有些電影院是你一輩子也不會去的地方，你依稀聽過那電影院的名稱，但永遠搞不清楚它在什麼地方，甚至也沒興趣知道。

你工作勤奮，每天忙碌地處理各種事宜，你都懷疑這公司沒有你會搞得天下大亂；你生活穩定，每週上兩回健身房，週五夜則是與友人的相

曾經引領風騷的總督戲院午夜場。

聚淺酌；你有份安定的情感關係，兩個人就算不住在一塊兒，也要每晚通一次電話報告這天的種種瑣事，才會安心入眠。

直到有一回，參加個週五夜的派對，某位朋友的生日宴會。大夥兒拎著酒杯說說笑笑，你說著一次海外旅行的糗事，眾人笑成一團；你突然注意到一雙亮燦流轉的目光，笑得甚是開心，你記得她是某位朋友的友人，見過幾次面喝過一兩回酒。但這天晚上，你突然心跳了一下，忍不住放肆地多瞧了她幾眼。宴會結束，你藉故和她換了張名片，強自壓抑下要送她回家的衝動。這晚，你睡得不甚安寧。

用了一些牽強的理由，你終於打了電話給對方，她竟然也很爽朗的回答：「好啊！那晚上去看場電影吧？!」你有著許久未有的興奮，但腦海裡亦開始閃過「不忠」、「不倫」等小說裡才會出現的字眼。你開始煩惱地看著電影版，想著哪一家電影院碰到熟人的機率最低！你開始好奇「朝代」戲院是在民權西路的什麼地方？你也想知道景美的「巨星」影城到底還在不在？內湖的「哈

拉影城」又是怎麼去？

原來，每家電影院（或者該說郊區電影院）都有其存在的理由與目的。

## 驚異大巡航 Dr. Strange Love

每座城市，都會有幾間「氣味」獨特的電影院，一般正常人要嘛根本不知道這些電影院的存在，要嘛自主神經會使得步伐自動繞過這些電影

排隊買票看電影，舉世皆然，巴黎香榭里舍亦是如此。

院。你只有在太年輕充滿太多好奇心，或是人近中年日子一成不變平淡如水，才會有著欲望入內一窺究竟。

翻開巴黎每週三出版的《巴黎城市指南》（Pariscope），這本歐元4角（約合台幣15元）250頁厚的雜誌有著巴黎吃喝玩樂的各種資訊，其中近一百頁爲電影資訊。從新片介紹／三百部片劇情／分區電影院時刻表，到票房／影評給分，無所不包。三百部片還會依類型來分，最引人遐想的是色情電影（films erotiques）一欄。通常巴黎僅有一家「比佛利」（Beverley）戲院專映色情電

影，走過那門口幾回，每回均有入內的衝動。

這類電影院與愛情或許有關或許無關，但有它們的存在，就讓這城市充滿狎玩的想像空間，光片名就教人重返那「A片年代」：《性伴遊》、《淫亂英雄》、《唇香體香女人香》、《性愛的代價》……

台北還有這種電影院嗎？當然是有地！在西門町漢口街的是「白雪」戲院，另一家則是在圓環寧夏路的「圓滿」戲院……還有一間已然消逝但充滿許多人青春記憶的「紅樓」戲院。

## 不只是童年往事 just an old fashion love song

電影與愛情均在這城市中逐漸消失。

如同沒有人要再上電影院看電影，同樣地也沒有人在談論愛情了。

偕伴也好，獨自也行，去看看那充滿你成長記憶的電影院，在它們尚未全然消逝之前。

它們可能是公館的東南亞戲院。

它們或許是士林的陽明戲院。

它們可以是任何一家你叫得出名字還依然存在的戲院。

不管是愛情，或是電影院，今晚，均讓彼此欣然前往，好嗎？！　　　■

本文作者爲作家。

# 愛缺氧影展

重度影癡私房推薦，100%純愛，濃度打敗高粱。

文／傅凌、李康莉、林冷

## 《白色情迷》（*Trois Couleurs-- Blanc*）導演：Krzysztof Kieslowski

當你知道你心愛的人終究是要離開你的時候，最好的方法是怎樣把她留在你的身邊？——波蘭的卡洛，把他的多明妮被巴黎引了回來，讓她進了一個高樓的牢房，每天夜裡去看她，從樓下打手語告訴她：「我會等妳出來。」奇士勞斯基講了一個他所謂的「黑色喜劇」。三色系列裡故事情節最強烈的一部。（傅凌）

## 《終極追殺令》（*Léon*）導演：Luc Besson

一個喝牛奶的老殺手和一個抽煙的小女孩之間，可以發展出這麼動人的情愫，你就知道了：唱，愛情是可以發生在任何情況的！最後Léon要送她從夾縫逃跑的時候，那種生離死別的痛苦，不是落淚可以解決的。有人說，這是戀童癖的電影，不不不，我們要說，這是一部叫你幾天心情都低盪不已的電影。（傅凌）

## 《黑眼珠》（*Black Eyes*）導演：Nikita Mikhalkovi

任何人都有一次真正為愛情動心的時候，任何人也都有一次為那真正的愛情而負心的時候。於是，你沒法訴說，只有在某一個下午和某一個陌生人不經意打開話匣的時候。故事這樣展開，這樣結束。而聽故事的人，散不開心事，只有回頭去書架上找到契訶夫原來寫的兩篇短篇小說，再沉入那個情境。1987年，坎城影展大出風頭的電影。（傅凌）

## 《梁山伯與祝英台》導演：李翰祥

請不要笑。這部電影一點也不嫌老。百聞不如一見的成語，正是為這部電影而說的。俊俏的凌波，當年會因為這部電影而令台北成為「狂人城」，不是沒道理的。樂蒂的美麗，也令人動容。何況，還有李翰祥把這部電影拍得真是賞心悅目，流暢之極。順便一說，梁山伯與祝英台是中國七世夫妻故事裡的第二世。（傅凌）

## 《騙婚記》（*La Sirène du Mississippi*）導演：François Truffaut

為什麼，愛情總是讓人盲目？為什麼，愛情總要把自己心愛的人傷到最深？看凱撒琳‧丹妮芙知道楊波貝蒙早就看破她餵的是毒藥也甘願吞下的表情，看兩人互相扶持著跟踉走進風雪之中的腳步，你不能不為那種混合著絕望與希望的愛情而悵然。（三十多年前楚浮的這部名片，去年重拍成一部美國片上演，千萬不要看。）（傅凌）

## 《千年血后》（*The Hunger*）導演：Tony Scott

什麼樣的愛情，比得上一個自己永遠不死，卻總要眼看著自己心愛的人凋謝而去的無奈與悲傷？對愛情的貪婪和對血液的貪婪，到底有什麼呼應？凱撒琳‧丹妮芙，大衛‧鮑伊，蘇珊‧莎蘭登，三位迷人的演員，在《神鬼戰士》導演的鏡頭下，展開了一個色慾、血腥、神傷的愛情故事。二十年前的電影，後來還發展出一部電視影集。（傅凌）

## 《艾蜜莉的異想世界》（*Le Fabuleux destin d'Amélie Poulain*）導演：Jean-Pierre Jeunet

是的是的是的是的是的，愛情是可以這麼美麗的，可以這麼快樂的，可以這麼充滿色彩的，可以這麼令人想歌唱的。不能說不能說不能說，這部電影所有的美麗，都必須透過電影來說，唯一能說的：沒看過的人，趕緊去看吧，看過之後，要稍微控制一下你那馬上想要戀愛的心——不論已經有沒有伴侶的人。（傅凌）

《春光乍洩》（*Happy Together*）導演：王家衛

所有傾向於美和耽溺的靈魂，都抗拒不了王家衛。被傷害過的心，流著屠宰場的腥羶血味，卻在鏡頭的眷顧下，偽裝成誘人的番茄花汁液。流放異國的戀人，在酷熱擁擠的小單位裡相互折磨、傷害，鏡頭卻溫柔的豢養了海藻色的燈罩、和透明冰涼的玻璃酒瓶。公路、燈塔、海濱。雖然景色十分遼闊，反而更突顯了愛情的室內幽閉情節。而衣櫃，只是用來增加其逃避的陷溺。或許，當昨日的鬼魂法力盡失，我們卻共同懷念起一種文藝腔，為著仍能被某種情緒所輕易地打動，感到滿意。（李康莉）

《羅密歐與茱麗葉》（*Romeo + Juliet*）導演：Baz Luhrmann

他戴上面具潛入一場化裝舞會，隔著水族箱看他。她是一隻最美麗的熱帶魚，又有些神經質的咬著指甲。在春天的陽台上，聽見他的呼喚，於是她的頭髮盛開兩隻蝴蝶。但是愛情不能等，腿股兩側的槍枝已經過熱。拔槍的動作太快，夏季還沒結束，沙灘上的露天戲台已經空無一人。愛情發生的時候就已經老了。一對被星星詛咒的玫瑰，在相互糾纏感染中死去。相互仇視的大人還不明白，這16歲和14歲的屍體，……是的，他們不需要長大，用眼睛和深陷肌理的指甲就已經得到了高潮。（李康莉）

《蘿拉快跑》（*Lola Rennt*）導演：Tom Tykwer

這才是真正的 girl power。一般電影裡的女人都太虛弱了。愛情是一種血液循環、和肌肉的爆發力。就是這麼年輕，這麼勇敢，這麼傾向速度，擋路狗越多，越有殺出重圍的力氣。天外的橫禍解決了「我愛不愛你」的內在疑慮。愛情不存在腦或心，而在腿。腿的決定，不經過大腦。愛情因行動而真實，否則人都死了，愛得再多也沒用。再跑快一點吧！不要光說不做，身邊這麼多的偶然在經過，只要不用力，就會成為結果之一。（李康莉）

《情書》（*Love Letter*）導演：岩井俊二

出於懷念已故未婚夫的心情，博子寫信到未婚夫的老家，一個已不存在的地址，不想卻收到了回信，原來她誤將信件寄往了與未婚夫同名同姓的國中女同學家。然而這些信件的往返，卻將博子帶往一段探索未婚夫少年往事的未知旅程。當旅程終了的時候她才明白，原來未婚夫一直暗戀著那位女同學，與她之間的婚約，或許也只是少年時代未果戀情的延續而已。普魯斯特的作品《追憶似水年華》，在電影中是一條重要的引線，使整部電影充滿了戀情已逝、往日不再的感傷。（林泠）

《北非諜影》（*Casablanca*）導演：Michael Curitz

亨佛萊鮑嘉在連天烽火中巧遇已然嫁作人婦的舊日情人，舊情重燃之後兩人該如何抉擇？戰爭裡無常的人生、難以割捨的往日情懷、愛情與道德的模糊界線……這些元素造就了史上「最教人難忘的愛情電影」，夜幕低垂時獨自離去的亨佛萊鮑嘉，背景裡混合了成全他人的心碎聲，和鐵漢可能永遠不會表露的柔情。As time goes by，《北非諜影》在美國電影協會所選出的100部 Greatest Movies of All Time 當中名列第二，在影史上的地位可謂無可動搖。（林泠）

《鋼琴師和她的情人》（*The Piano*）導演：Jane Campion

在原始美景和動人琴音的背景下，一段不具意義的婚姻裡危機四伏。不開口說話的彆扭女子帶著拖油瓶女兒和鐘愛的鋼琴遠嫁他鄉，在夫家遇見了一名粗獷的工人，這個木訥少言又頑固的男人霸佔她如性命的鋼琴，並且要她以教琴來贖回。簡陋的木屋裡於是展開奇特的鋼琴教學，在起落的琴鍵之間解放了壓抑的心情，點燃了糾纏的愛慾，也將封閉已久的心靈帶往一個未曾有過的新方向。（林泠）

《愛在黎明破曉時》（*Before Sunrise*）導演：Richard Linklater

一名遊歷歐洲的美國男子，在旅程將盡時搭 InterCity Express 前往維也納趕搭次日的飛機，卻在火車上遇見一名曼妙的法國女子，於是說服她一起在維也納下車，共度萍水相逢的24小時。整部電影只演這一日一夜裡發生的故事，而兩個素昧平生的年輕人，也就在這一日一夜之間在音樂之都擦出了愛的火花。整部電影好像駛往浪漫終點站的火車，只是結尾時約定再見的情節有流俗套破壞氣氛之嫌。（林泠）

《英倫情人》（*The English Patient*）導演：Anthony Minghella

二次世界大戰的尾聲，一名年輕的護士在照顧一名重病傷患時，無意間發現傷者過去的一段戀情，這段戀情美麗、甜蜜、危險又使人痛苦，然而在傷者的記憶中，愛情永遠不會死滅，意識在生命的邊緣逗留的最後一段時光，重溫的還是那段傷口般疼痛的愛情。電影結束時，護士跳上熱戀情人的破車，在烈陽與黃沙中揚長而去，一樣去奔赴一場愛情的邀約，一個激情的渦流。（林泠）■

愛情像一具沙漏，
心漲滿的時候，大腦也漏光了。
——Jules Renard（1864 - 1910）

國家圖書館出版品預行編目資料

做愛情／黃秀如主編. ──初版. ──台北市：
網路與書，2002〔民91〕
面；　　　公分. ──（網路與書雜誌書；4）

ISBN 957-30266-3-5（平裝）

1. 戀愛 ── 論文，講詞等

544.37　　　　　　　　　　　　　91011210

# 如何購買Net and Books 網路與書

## 試刊號

>特集
閱讀法國
從4200筆法文中譯的書單裡，篩選
出最終50種閱讀法國不能不讀的
書。從《羅蘭之歌》到《追憶似水
年華》，每種書都有介紹和版本推
薦。
定價：新台幣150元

量有限。請儘速珍藏這本性質特殊的試刊號。

## 1《閱讀的風貌》

試刊號之後六個月，才改變型態推
出的主題書。第一本《閱讀的風貌》
以人類六千年閱讀的歷史與發展為
主題。包括書籍與網路閱讀的發
展，都在這個主題之下，結合文字
與大量的圖片，有精彩的展現。本
書中並包含《台灣都會區閱讀習慣
調查》。
定價：新台幣280元，特價199元

## 2《詩戀Pi》

在一個只知外沿擴展的世界中，在
一個少了韻律與節奏的世界中，我
們只能讀詩，最有力的文章也只是
用繩索固定在地面的熱氣球。而詩
則不然。
（人類五千年來的詩的歷史，也整理
在這本書中。）
定價：新台幣280元

## 《財富地圖》

如果我們沒法體認財富、富裕，以
及富翁三者的差異，必定對「致富」
一事產生觀念上的偏差與行為上的
錯亂。本期包含：財富的觀念與方
法探討、財富的歷史社會意義、古
今富翁群像、50本大寫級的致富書
單，以及《台灣地區財富觀調查報
告》。
定價：新台幣280元

## 4《做愛情》

愛情經常淪為情人節的商品，性則只
能做，不能說，長期鎖入私密語言的
衣櫃。本期將做愛與愛情結合，大聲
張揚。從文學、歷史、哲學、社會現
象、大眾文化的角度解讀「做愛
情」，把愛情的概念複雜化。用攝影
呈現現代關係的多面，把玩愛情的細
部趣味。除了高潮迭起的視聽閱讀推
薦，並增加小說創作單元。
定價：新台幣280元

## 5《詞典的兩個世界》

本書談詞典的四件事情：
1).詞典與人類歷史、文化的發
展，密不可分的關係。2).詞典的
內部世界，以及編輯詞典的人物
與掌故。3).怎樣挑選、使用適合
自己的詞典──這個部分只限於
中文及英文的語文學習詞典，不
包括其他種類的詞典。4).詞典的
未來：談詞典的最新發展趨勢。
定價：新台幣280元

## 《移動在瘟疫蔓延時》

過去，移動有各種不同的面貌與
定義。冷戰結束後，人類的移動
第一次真正達成全球化，移動的
各種面貌與定義也日益混合。
2003年，戰爭的烽火再起，
SARS的病毒同瘟疫，於是，
新的壁壘出現，我們必須重新思
考移動的形式與內容。32頁別
冊：移動與傳染病與SARS。
定價：新台幣280元

## 7《健康的時尚》

這個專題探討的重點：什麼
是疾病；怎樣知道如何照顧自
己，並且知道不同的醫療系統的
作用與限制；什麼是健康，以及
如何選擇自己的生活風格來提升
自己的生命力。如同以往，本書
也對醫療與健康的歷史做了總的
回顧。
定價：新台幣280元

## 8《一個人》

單身的人有著情感、經濟與活動
上的自由，但又必須面對無人分
享、分憂或孤寂的問題。不只是
婚姻定義上的單身，「一個人」
的狀態其實每個人都會遇到，它
以各種形式出現，是極為重要的
生命情境或態度。在單身與個人
化社會的趨勢裡，本書探討了一
個人的各種狀態、歷史、本質、
價值與方法。
定價：新台幣280元

## 《閱讀的狩獵》

閱讀就是一種狩獵的經驗。每個
人都可以成狩獵者，而狩獵的對
象也許是一本書、一個人物、一
個概念。這次主要分析閱讀的狩
獵在今天出現了哪些歷史性的變
化、獵人各種不同的形態，細味
他們的狩獵經驗、探討如何利用
各種工具有系統地狩獵，以及回
顧過去曾出現過的禁獵者及相關
的歷史。這本書獻給所有知識的
狩獵者。
定價：新台幣280元

# Net and Books 網路與書

## 訂購方法

### 1. 劃撥訂閱

劃撥帳號：19542850　　戶名：英屬蓋曼群島商 網路與書股份有限公司 台灣分公司

### 2. 門市訂閱

歡迎親至本公司訂閱。　　台北：台北市105南京東路四段25號10樓之1。

營業時間：週一至週五上午9：00至下午5：00

### 3. 信用卡訂閱

請填妥所附信用卡訂閱單郵寄或傳真至台北(02)2545-2951。

如已傳真請勿再投郵，以免重複訂閱。

## 信用卡訂購單

本訂購單僅限台灣地區讀者使用。台灣地區以外讀者，如需訂購，請至www.netandbooks.com網站查詢。

□訂購試刊號　　　　　　　定價新台幣150元×＿＿冊=＿＿＿＿元　　□訂購第8本《一個人》　　　　定價新台幣280元×＿＿冊=＿＿＿＿元

□訂購第1本《閱讀的風貌》　　定價新台幣280元×＿＿冊=＿＿＿＿元　　□訂購第9本《閱讀的狩獵》　　定價新台幣280元×＿＿冊=＿＿＿＿元

□訂購第2本《詩戀Pi》　　　　定價新台幣280元×＿＿冊=＿＿＿＿元　　□訂購第10本《書的迷戀》　　定價新台幣280元×＿＿冊=＿＿＿＿元

□訂購第3本《財富地圖》　　　定價新台幣280元×＿＿冊=＿＿＿＿元　　□訂購第11本《去玩吧！》　　定價新台幣280元×＿＿冊=＿＿＿＿元

□訂購第4本《做愛情》　　　　定價新台幣280元×＿＿冊=＿＿＿＿元　　□訂購第12本《我的人生很希臘》定價新台幣280元×＿＿冊=＿＿＿＿元

□訂購第5本《詞典的兩個世界》定價新台幣280元×＿＿冊=＿＿＿＿元　　□訂購第13本《命運》　　　　定價新台幣280元×＿＿冊=＿＿＿＿元

□訂購第6本《移動在瘟疫蔓延時》定價新台幣280元×＿＿冊=＿＿＿＿元　□訂購第14本《音樂事情》　　定價新台幣280元×＿＿冊=＿＿＿＿元

□訂購第7本《健康的時尚》　　定價新台幣280元×＿＿冊=＿＿＿＿元

以上均以平寄，如需掛號，每本加收掛號郵資20元。

□預購第15本至第26本之《網路與書》（不定期陸續出版）　　特價新台幣2800元×＿＿＿＿套=＿＿＿＿＿＿元

□預購第15本至第26本，每套加收掛號郵資240元。

| 訂 購 資 料 | | |
|---|---|---|
| 姓名： | 生日： | 性別：□男　　　□女 |
| 身分證字號： | 電話： | 傳真： |
| E-mail： | 郵寄地址：□□□ | |
| 統一編號： | 收據地址： | |

| 信 用 卡 付 款 |
|---|
| 卡　　別：□VISA　　□MASTER　　□JCB　　□U CARD |
| 卡　　號：＿＿＿＿＿＿＿＿＿＿＿＿＿＿＿＿＿有效期限：200　年　　　　月止 |
| 持卡人簽名：＿＿＿＿＿＿＿＿＿＿＿　（與信用卡簽名同） |
| 總 金 額：＿＿＿＿＿＿＿＿＿＿＿＿發卡銀行：＿＿＿＿＿＿＿＿＿＿＿＿ |

如尚有任何疑問，歡迎電洽「網路與書」讀者服務部

服務專線：0800-252-500　傳真專線：＋886-2-2545-2951

服務時間：週一至週五上午9：00至下午5：00　　E-mail：help@netandbooks.com